Annette Simon

»Bleiben will ich, wo ich nie gewesen bin«

»edition psychosozial«

Annette Simon

»Bleiben will ich, wo ich nie gewesen bin«

Versuch über ostdeutsche Identitäten

Mit einem Vorwort von Joachim Gauck

Psychosozial-Verlag

Bibliografische Information
Der Deutschen Nationalbibliothek
Die Deutsche Nationalbibliothek verzeichnet
diese Publikation in der Deutschen
Nationalbibliografie;
detaillierte bibliografische Daten sind im Internet
über <http://dnb.ddb.de> abrufbar.

Erweiterte und überarbeitete Neuausgabe der Ausgabe
von 1995 (Psychosozial-Verlag)

Walltorstr. 10, D-35390 Gießen.
Fon: 06 41 - 96 99 78 - 18; Fax: 06 41 - 96 99 78 - 19
E-Mail: info@psychosozial-verlag.de
www.psychosozial-verlag.de

Umschlagabbildung: Frank Kunert: »Dem Himmel so nah«
© Frank Kunert www.frank-kunert.de
Umschlaggestaltung & Satz: Hanspeter Ludwig, Gießen
www.imaginary-art.net
Druck: Majuskel Medienproduktion GmbH, Wetzlar
www.majuskel.de
Printed in Germany
ISBN 978-3-89806-653-2

Für Jana und Benjamin und für Nora

Inhalt

Vorwort

Ich freue mich sehr über das Wiedererscheinen eines Bandes, der uns – neu und in erweiterter Fassung – viele Denkanstöße liefert. Annette Simons Aufsätze und Reden über die Verschiedenheit der Deutschen in Ost und West haben sich nicht überlebt. Was zehn Jahre nach dem Mauerfall notwendig war, hat sich auch 20 Jahre danach offenkundig noch immer nicht erledigt. Für den kritischen Zeitgenossen in den alten wie in den neuen Bundesländern sind Fremdheit oder Verständnislosigkeit zwischen Ost- und Westdeutschen weiter mit Händen zu greifen. Viele Ostdeutsche werden aber bei der Lektüre noch etwas Spannenderes erleben, als die Betrachtung der deutsch-deutschen Szenerie, nämlich eine Konfrontation mit sich selbst, mit einstigen Gefühlen, einstigen Leistungen, aber auch mit einstigem Versagen.

Ich habe mich in den letzten Jahren oft gefragt, wie lange die Nachwirkungen einer Diktatur wohl bemerkbar sein würden. Die westdeutsche Nachkriegsgesellschaft hatte zwölf Diktaturjahre zu »bewältigen«; ihr saßen zwölf Jahre einer andauernden politischen Ohnmacht und weitreichender Ent-Individualisierung »in den Knochen«: Damit beschreibt der Volksmund das, was sich in den

Psychen und Körpern eingelagert hat. Die Deutschen im Osten haben nun allerdings fast fünf Mal so lange in Unfreiheit gelebt, in zwei unmittelbar aufeinander folgenden Diktaturen. Das war, anders als im Westen, keine vorübergehende Phase im Leben eines Menschen, der sich die Erinnerung an das Davor bewahrt hat. Es war eine Zeitspanne, die mehr als zwei Generationen umfasste und den Vergleichsmaßstab verloren hatte.

Zudem waren bei der Mehrheit der davon Betroffenen Werte und Haltungen verloren gegangen, die geeignet waren, die Diktatur zu hinterfragen. Ohnmacht, Gewöhnung an Unterwerfung und Spaltung als Dauerzustand hatten eine verhängnisvolle »Normalität« geschaffen. Im Nachhinein wurde von den meisten alles nicht mehr so genau erinnert. Die Fakten-Wirklichkeit ist ihnen entglitten, ein Phänomen, das Hannah Arendt »Verlust von Wirklichkeit« nannte; kompensiert wurde er dadurch, dass man Meinungen an die Stelle der Fakten setzte.

Die Westdeutschen brauchten fast 20 Jahre, bevor sie sich ihrer NS-Vergangenheit ernsthaft stellten. Haben wir Ostdeutschen uns überfordert, als wir gleich nach dem Umbruch den Blick zurück auf fast 60 Jahre Unfreiheit empfahlen? Dient es nicht dem Weiterleben, zunächst auf Abstand zu gehen, sich mit Trotz oder Verdrängung gegen Wandel und Abschied zu stemmen oder einfach die Identität des Gegenübers zu übernehmen, aus dem »Ossi« einen »Wessi« werden zu lassen?

Annette Simon kann einfachen Lösungen, von wem auch immer sie vorgeschlagen werden, nichts abgewinnen. Ihre Aufsätze, ihre Selbstbefragungen und Selbstzeugnisse zeigen dem Leser, dass Psychologen und Psychotherapeuten auf bestimmte Erscheinungen in der Gesellschaft oft überzeugendere Antworten anbieten als Politologen und Soziologen. Zumal wenn es um Fragen wie Mentalität und Mentalitätswandel geht, verfügen die Spezialisten der Binnenwelten über ein Wissen, das ich gern weiter verbreitet sehen würde.

Die »Furcht vor der Freiheit«, die peinlichen Spielarten populärer wie intellektueller Nostalgie (vor allem im Osten, aber teilweise durchaus auch im Westen), wird weniger eine Analyse der Ideologien als vielmehr die Kenntnis der menschlichen Psyche zu erklären vermögen. Von hier können ermutigende Impulse ausgehen, sich der erlebten Ohnmacht zu stellen, sich ihre ideologischen Verbrämungen und Verdrängungen bewusst zu machen und das Erschrecken und die Scham im Laufe dieses Prozesses auszuhalten.

Auch und gerade das Verborgene, Beschämende, Furchtauslösende muss zum Thema werden – und es kann nicht im Denken allein bewältigt werden. Auch die einst unterdrückten, »erzogenen«, vielleicht gar abgetöteten Gefühle gilt es zu erinnern, bevor wir ihnen den Abschied geben können. Insofern steht uns in Ostdeutschland noch ein Prozess bevor, den die Westdeutschen dank einer offenen Gesellschaft bereits vor 40 Jahren in Angriff nehmen konnten.

Allerdings hat sich auch bei uns Ostdeutschen in den letzten 20 Jahren etwas getan. Und das vermittelt das Buch ebenfalls.

Früher war ein Milieu wie das von Annette Simon, in dem der Antifaschismus eine bindende Kraft gegenüber dem System entwickeln konnte, durch einen tiefen Graben getrennt von der Welt meines Elternhauses und des sie umgebenden Milieus. Alles, was »die da oben« mit uns machten, war von Misstrauen und Ablehnung begleitet. Mein Vater gehörte zu denen, die in der stalinistischen Ära völlig grundlos verfolgt wurden; wir wussten um zahlreiche, oft minderjährige Opfer des Regimes. Begriffe wie Sibirien, Bautzen, Fünfeichen waren auf schreckliche Weise lebendig und nicht einfach wie im Westen

Wörter aus dem Arsenal politischer Kämpfe. Hier war Antikommunismus eine Sprache der Menschlichkeit. Wir hatten ihn nicht vom Westen übernommen. Er war vielmehr im Osten, in der Mitte des Systems, geboren. Seine Ursprünge waren Terror, Unfreiheit, Rechtsbruch und geistige Enge. Auch Richtiges, von den Falschen propagiert, wurde deshalb für uns falsch. So blieben bis ans Ende der DDR Menschen voneinander getrennt, die sich nach ihrem Untergang zum Teil als Verwandte im Geist entdeckten.

Heute gehören Menschen wie Annette Simon und ich keineswegs zu unterschiedlichen Welten. Dabei ist völlig unerheblich, ob wir zu dem einen oder anderen Thema in diesem Buch die gleiche Auffassung haben oder nicht. Wir gehören zu jenen, die um die Macht der vergangenen Zeiten wissen, die sich ihrer langen Schatten bewusst sind und die ihnen weder mit Wegsehen noch mit Wegdeuten und auch nicht durch Weglaufen entwischen wollen. Das Programm heißt für uns nicht Flucht. Vielmehr gilt es innezuhalten, wahrzunehmen, auszuhalten – nicht jeder mag das. Das mag belastend sein – aber ist denn anders irgendein Neuanfang möglich?

Zu Beginn sprach ich von den Denk-Anstößen durch das Buch. Wir könnten zutreffender und umfassender von Anstößen sprechen. Wer Annette Simons Texte liest, dürfte sich weit über das reine Denken hinaus angestoßen fühlen. Mag sein, dass es sich ähnlich verhält wie beim Fußball. Der Anstoß markiert den Beginn eines jeden Spiels, den Wiederbeginn nach der Halbzeit und die Wiederaufnahme des Spiels nach einem Tor. Und jeder Anstoß gibt die Chance, mit neuer Energie, neuer Technik und gewandelten Gefühlen das Spiel neu zu beginnen.

Joachim Gauck

Vorbemerkung 2009

Der Vorschlag des Verlages, den Band *Versuch, mir und anderen die ostdeutsche Moral zu erklären* zum Jahr 2009 nochmals aufzulegen und um neue Texte zu erweitern, war ein guter Anlass für mich, die Textsammlung von 1995 nochmals zu lesen.

Ist das Jahr 1989 wirklich schon 20 Jahre her? Einerseits scheinen die Ereignisse dieses Jahres mir ganz nah zu sein, weil sich von diesem Ausgangspunkt mein Leben mit einer unglaublichen Rasanz verändert hat. Andererseits ist diese Zeit doch auch fern gerückt, weil auch ich mich seither verändert habe. Die alten Texte haben beim Wiederlesen einen ähnlichen Effekt: Einerseits sind sie mir sehr vertraut, andererseits sind sie von mir abgerückt. Der Prozess der Selbstvergewisserung, den ich durch sie anstoßen wollte, ist inzwischen weitgehend abgeschlossen. Die kluge Else mit ihrer Frage »Wer bin ich?« hat das Vogelgarn abgeworfen.

Trotzdem hat mich die Auseinandersetzung mit der ostdeutschen Identität immer wieder beschäftigt. Und so bin ich dankbar, dass den Lesern jetzt auch neue Texte zugänglich gemacht werden. Als Titel für diesen neuen Band habe ich eine Zeile des früh verstorbenen Dichters Thomas Brasch gewählt. Dieser Dichter hat als ein Protagonist der Ost-68er zu verschiedenen Zeiten mein Lebensgefühl in der DDR auf den Punkt gebracht. Sein 1977 erstmals in der Bundesrepublik veröffentlichtes Gedicht soll hier nochmals stehen:

> Was ich habe, will ich nicht verlieren, aber
> Wo ich bin, will ich nicht bleiben, aber
> Die ich liebe, will ich nicht verlassen, aber
> Wo ich lebe, da will ich nicht sterben, aber
> Wo ich sterbe, da will ich nicht hin:
> Bleiben will ich, wo ich nie gewesen bin.

In diesem Band sind wieder vorwiegend Texte vereinigt, die zunächst als Vorträge entstanden sind. Dadurch ergeben sich an manchen Stellen inhaltliche Wiederholungen, die für den Sinnzusammenhang des Vortrages unabdingbar waren und deshalb auch hier im Druck nicht ganz getilgt wurden. Die einzelnen Texte stehen aber sowieso eher jeder für sich und ich kann nur auf das erneute oder wiedererwachte Interesse der Leser hoffen.

Februar 2009

Vorbemerkung 1994

Ich habe versucht, mich zu erinnern, zu erinnern an mein Leben in der DDR. Es ist eine Suche von heute aus, mit dem Bewusstsein, dass dieses Land schon versunken ist. Ein Land, das an Bevölkerungszahl und Fläche relativ klein, von seinen Herrschenden mit Ideologie und Bedeutung so überfrachtet wurde:

»Erster sozialistischer Staat auf deutschem Boden«, »Speerspitze im Kampf gegen den Kapitalismus«, »Hort des Antifaschismus« usw.

Ich sehe dieses Land heute anders als selbst noch vor drei Jahren, und eigentlich verändert sich mein Blick jeden Tag.

Ich versuche, mich so genau zu erinnern wie möglich, lese meine Tagebücher und alte Briefe. Aber ich bin nicht wertfrei, sehe vieles aus beruflicher Gewohnheit mit analytischem Blick.

Eigentlich erzähle ich mir noch einmal mein Leben – um den Boden, auf dem ich jetzt stehe, abzuklopfen. Um den unangenehmen Gefühlen von Entfremdung und Selbstentfremdung zu entkommen, die manchmal einsetzen, wenn ich Ausschnitte aus alten DEFA-Filmen sehe oder alte Zeitungsausschnitte lese. Oder wenn ich darüber nachgrübele, wie ich mich in bestimmten Situationen und Konflikten eigentlich wirklich gefühlt habe. Wie habe ich diese stickige Unlebendigkeit, dieses Ablaufen von Ritualen nur ausgehalten?

Ich muss mich meiner vergewissern nach diesen Umbrüchen, damit es mir nicht ergeht wie der klugen Else aus dem Grimm'schen Märchen. Sie muss, nachdem ihr Mann Vogelgarn mit Schellen über sie gehängt hat, die überall läuten und klappern, an ihn und sich die Frage stellen: »Bin ich's oder bin ich's nicht?«

Die Einladungen zu Vorträgen und deren Überarbeitung für das vorliegende Buch waren für mich gute Gelegenheiten, diese Reflexionen in eine Form zu bringen.

August 1994

Zwei Seiten einer Medaille Über den deutschen Umgang mit Schuld

Ich habe 16 Jahre in einer Ostberliner Nervenklinik gearbeitet, die über einen längeren Zeitraum einen geheim gehaltenen Kooperationsvertrag mit der Staatssicherheit hatte und in der zwei Chefärzte erwiesenermaßen inoffizielle Mitarbeiter dieses »Organs« waren. Die Akten der Patienten und damit auch die Patienten selbst waren somit dem potenziellen Zugriff der Staatssicherheit ausgeliefert. Der geschützte Raum, den ich ihnen und damit auch mir innerhalb der DDR glaubte, geschaffen zu haben, hat zum Teil nur in meiner Fantasie existiert.

Während ich diesen Erinnerungen und Gedanken nachgehe, lese ich in der Zeitung, dass der Streit um den Bau eines Supermarktes auf dem Gelände des ehemaligen Frauen-Konzentrationslagers Ravensbrück kein Einzelfall ist: Die Finanzbehörden von Potsdam haben als künftigen Standort des Finanzamtes ein früheres Gebäude der zentralen SS-Hauptverwaltung für die Konzentrationslager in Sachsenhausen ins Auge gefasst.

»50 Jahre nichts gelernt« – steht an einer Hauswand in Berlin, Prenzlauer Berg.

Die historische Aufgabe, die deutsche Geschichte und damit auch die deutsche Schuld zu bewältigen, scheint misslungen zu sein, indem man diese Geschichte zweigeteilt und sie in zwei verschiedenen Staatsgebilden verschieden interpretiert hat.

Die Hakenkreuze, Rassismus und auch der Antisemitismus sind wieder da. Die Jugendlichen polarisieren sich in Skinhead-Gruppen und linken Gruppen fast wie in der Weimarer Republik. Manchmal erscheint es mir so, als ob sie ihre Eltern und Großeltern darin erinnern wollten, von wo aus die ungelösten Konflikte ihren Anfang genommen haben. Erneut müssen wir uns mit dem Nationalsozialismus, mit alter und neuer Schuld auseinandersetzen. Die Aufhebung der deutschen Spaltung könnte eine neue Chance sein.

Das Wort »Bewältigung« ist ein zu abgegriffenes und großes und übrigens auch ein gewalttätiges Wort für ein Geschehen, das im Grunde nicht zu bewältigen ist, schon gar nicht als Volk im Ganzen. Primo Levi (1988) schrieb im Vorwort zu seinem Bericht eines Überlebenden von Auschwitz, dass er die Deutschen nicht hasse: »Doch ich kann nicht sagen, daß ich die Deutschen verstehe. Und was man nicht verstehen kann, bildet eine schmerzhafte Leere, ist ein Stachel, ein dauernder Drang, der Erfüllung fordert« (1988, S. 24). Ich denke, wenn wir uns gegenüber der deutschen Geschichte verantwortlich fühlen, muss neben dem Grauen und Entsetzen, der moralischen Verurteilung und der Trauer auch der Versuch des psychologischen Verstehens einsetzen, des Verstehens, wie es dazu kommen konnte und welche Narben geblieben sind, die gerade jetzt wieder aufbrechen. Dieses Sich-selbst-Verstehen ist eigentlich ein sehr individueller Prozess, der die Grundlage für Veränderung sein kann und sich der Selbstüberschätzung aber auch der Selbstverachtung, wie wir sie von uns Deutschen kennen, entgegenstellt.

Ich will den Versuch wagen, ein psychologisches

Gleichnis zu benutzen, um dem Verständnis der beiden deutschen Staaten näher zu kommen, auch wenn dies die Gefahr der unlauteren Psychologisierung gesellschaftlicher Prozesse mit einschließt. Mein Bild ist das von den beiden deutschen Staaten als einem Zwillingspaar:

Zwei Zwillingsbrüder, von Mutter Deutschland und Vater Faschismus nach dem Ersten Weltkrieg gezeugt, wachsen unter strenger wilhelminischer Erziehung in rigidem und patriarchalisch geprägtem Kleinbürgermilieu gemeinsam auf. Sie werden so zum Typus des soldatischen Mannes, wie ihn Theweleit (1978) in seinen *Männerphantasien* beschrieben hat. Dieser Typ ist durch mehrfache Spaltungsmechanismen gekennzeichnet: Die Bedürfnisse des eigenen Körpers und der eigenen Seele dürfen durch den erlebten Drill nur unter strengster Zensur wahrgenommen werden. Es entsteht ein Körperpanzer. Alle weicheren, mitfühlenden oder zärtlichen Strebungen werden als »unmännlich« klassifiziert und an Frauen delegiert, die für diese weibliche Weichheit gleichzeitig idealisiert und verachtet werden. Diesen gepanzerten Männern wird Mitgefühl systematisch abtrainiert, auch dadurch, dass niemand mit ihrem Leid Mitgefühl hat, auch ihre Mütter nicht. (Ich empfehle hierzu jedem die Lektüre des 1934 in erster Auflage erschienen Buches von Johanna Haarer, *Die deutsche Mutter und ihr erstes Kind*, das Traumauflagen erreichte und unter dem Titel: *Die Mutter und ihr erstes Kind* seit 1949 wieder auf dem Markt ist (vgl. auch Benz 1991, 1992.)

Diese in hohem Grade von sich selbst entfremdeten Männer, denen jede Art von wirklicher Lebendigkeit ein Gräuel sein muss, weil sie an die verschütteten Möglichkeiten erinnert, ziehen in den nächsten Krieg. Als Tötungsmaschinen laden sie unermessliche, eigentlich unvorstellbare Schuld auf sich und verlieren den Krieg. Vater Faschismus begeht Selbstmord und Mutter Deutschland ist zerstört. Es bleiben die beiden Zwillinge in großer Angst vor Vergeltung und Rache, voller dumpfer Schuldgefühle und in einem Meer von Nicht-Verstehen, was eigentlich mit ihnen passiert ist.

Mutter Deutschland wird geteilt und die Zwillinge werden getrennt, was zum einen ihren halbbewussten Strafbedürfnissen entgegenkommt, zum anderen aber auch den sehr wirksamen Abwehrmechanismus der Objektspaltung ermöglicht. Diese von Melanie Klein beschriebene früheste und daher auch unreifste Abwehrform spaltet das Objekt, auf das sich die erotischen und destruktiven Triebe richten, in einen »guten« und einen »bösen« Teil. Mutter Deutschland als gespaltene Mutter und die neu entstehenden Väter Staat ermöglichen die Projektion des Bösen auf den jeweils anderen Teil und ersparen den Zwillingen wenigstens teilweise die Auseinandersetzung mit den ganzen Eltern. Der eigene Deutschlandteil muss, so gut es geht, als gutes Objekt herhalten.

Damit wird auch das dunkel erahnte Böse aus dem eigenen Innern glücklich jenseits der Grenze gebannt. Denn Objektspaltung zieht unweigerlich auch eine Ich-Spaltung nach sich: Die eine psychische Ich-Instanz nimmt die Realität wahr, wie sie ist, während die andere Wunschproduktion an deren Stelle setzt.

Hinter der Grenze, die dann zur Mauer wird, lebt jeder der Zwillinge nun sein eigenes Leben. Zwilling West kommt zu reichen, recht großzügigen und mit demokratischen Umgangsformen ausgestatteten Adoptiveltern, die ihm sagen: Wenn du fleißig arbeitest, unterstützen wir dich in jeder Weise. Deine Schuld ist vergessen; sie wird nach einigen Formalitäten der Entnazifizierung für uns unwichtig. Denn du kannst uns im Übrigen auch gegen die Verbündeten von Zwilling Ost helfen. Wenn du in unserem System funktionieren kannst, ist alles o. k.

Zwilling Ost kommt zu sehr armen und autoritären Adoptiveltern, die ihn anfangs böse terrorisieren, seine Schuldgefühle verstärken und ihm sagen: Du bist so schrecklich schlimm gewesen, dass du nun durch fleißige Arbeit und Gehorsam alles abarbeiten musst und du musst eine neue Ideologie annehmen, damit nie wieder passiert, was du angerichtet hast. Wenn du es schaffst, dieses »richtige Bewusstsein« zu entwickeln, die Ideologie der Antifaschisten und der Sieger zu verinnerlichen, dann ist deine Schuld abgebüßt.

Zwilling West entwickelt sich recht gut. Er wird locker, dick und bunt. Es gibt viel zu tun und alles ist zu packen. Er kann seine Schuld in aktivistischer und manischer Form verdrängen.

Zwilling Ost trägt an der Bürde der Schaffung eines »neuen Menschen« und eines »neuen Staates«. Er verinnerlicht seine Schuld, kaut depressiv an ihr herum. Er muss dabei genauso wenig den inneren Prozess von Scham, Wut und Trauer durchmachen wie sein Zwilling West. Mit der Annahme der neuen Ideologie ist er ja kein Nazi mehr.

Um es krass auszudrücken: Während Zwilling West sich bald im grellbunten Texashemd und neuem Auto präsentiert und mit eigentlich gar keiner Ideologie, läuft Zwilling Ost im grauen Büßerkleid, aber mit einem riesigen Packen Ideologie.

Beide Zwillinge haben anfangs noch Sehnsucht nacheinander, aber Zwilling West beginnt langsam, den anderen zu vergessen. Er hat so viele Ablenkungsmöglichkeiten, so viele Projekte. Ab und zu denkt er an den anderen als an denjenigen, der es schlechter getroffen hat. Er schickt Pakete. Ab und zu besucht er ihn mit Unbehagen in seinem grauen Land und gruselt sich ein bisschen bei den Kontrollen an der Grenze.

Zwilling Ost guckt neidisch auf Zwilling West. Als er

wegen der Mauer nicht mehr zu ihm darf, sieht er trotzdem Westfernsehen, hört Westrundfunk und macht sich ständig ein Bild von Zwilling West. Durch den Entzug ist er fast gierig nach ihm, jeder Bewohner von Westdeutschland, der den Osten besucht, wird aufs Heftigste umworben. Manchmal denkt Zwilling Ost aber auch über sich: arm, aber ehrlich. Ich arbeite für eine gerechtere Sache.

Dann ist die Zeit der Trennung abgelaufen: Zwilling Ost durchbricht die Mauer, die sie so lange getrennt hat. Und dieser Moment ist eigentlich das Gegenteil von »Wahnsinn«, denn es wird in einer Nacht die Spaltung aufgehoben – in einem euphorischen Sinne fühlen sie sich für einen Moment wieder »ganz«. Das gute Gefühl, wenn Objekt- und Ich-Spaltung aufgehoben werden: Realität und Wunschproduktion werden eins. Mutter Deutschland ist nicht mehr aufgespalten in Teilobjekte, sondern eine ganze Mutter mit zwei guten Brüsten.

Es werden damit aber auch die Möglichkeiten der Abwehr und Projektion aufgehoben, die sie beiden Teilen geboten hatte. Die Spaltung war auch eine psychische Überlebensmöglichkeit und hatte als solche eine sehr wichtige Funktion. Beide Zwillinge konnten nicht gelebte, verachtete oder auch ganz unbewusste psychische Inhalte dem jeweils anderen Zwilling zuordnen, sozusagen hinter der Mauer deponieren.

Die beiden Zwillinge stehen sich nun wieder gegenüber und können nach den ersten Freudentränen nichts miteinander anfangen.

Idealerweise müssten sie Zeit haben, sich wieder kennenzulernen, sie müssten sich erzählen können, was in der Zwischenzeit mit ihnen passiert ist. Und natürlich müssten sie jetzt noch einmal darüber reden, was eigentlich zu ihrer Trennung geführt hat. Dass sie ausgerechnet am 9. November wieder zusammengekommen sind, müsste ihnen ein Menetekel sein.

Stattdessen wird in wahnwitziger und von der Mehrheit auf beiden Seiten gewollter Geschwindigkeit das eine System über das andere gestülpt, sodass nur Zeit für Gegenwartsbewältigung bleibt. Da wir ja »alle Deutsche« sind, können wir so etwas wieder einmal in einer Blitzaktion durchziehen. Es herrscht eine blinde Augenblickssucht und mir drängt sich der Verdacht auf, dass sich das kollektive Unbewusste erneut für das Vergessen und Verdrängen entschieden hat. Und dies – bitte schön – auf beiden Seiten. Denn nicht nur die Ostbürger haben so gewählt. Die manische Betriebsamkeit und die überdimensionalen Schuldzuweisungen von West nach Ost sind mit einer solchen emotionalen Wucht aufgeladen, die nur von einer Seite kommen kann, die etwas zu vertuschen oder ein schlechtes Gewissen hat.

Hierin wiederholt sich die manische Bewältigungsform: Sie wird Zwilling Ost von Zwilling West massiv angeboten und der hat sie äußerst freudig ergriffen, denn in dieser unter enormem existenziellen Druck aufbrechenden Geschäftigkeit kann es zu keinem Nachdenken über die vergangenen Jahre kommen. Der Supermarkt auf dem KZ-Gelände – das ist das Bild für die zweifache und zweiseitige Verdrängung.

Oder das Suchen westlicher Firmen nach Arbeitskräften, die möglichst SED-Mitglieder oder auch Stasi-Angehörige waren, weil sie damit ihr »Karrierebewusstsein« schon einmal unter Beweis gestellt hätten.

Oder eine Gruppe von Kassenbeauftragten fegt durch unsere Ambulanz, teilt uns nach ein paar wohlwollenden Bemerkungen über unser »Improvisationsvermögen« mit, dass ca. zwei Drittel unserer Patienten, die über Jahre eine feste Bindung an uns haben, nicht dem Klientel einer Institutsambulanz entsprächen, weil sie »wartezimmerfähig« seien und somit vom niedergelassenen Arzt, den es zu diesem Zeitpunkt noch gar nicht gibt, behandelt werden könnten. Wie soll in diesem Klima die dringend notwendige und ohnehin äußerst komplizierte Auseinandersetzung mit der Rolle der Psychiatrie in der DDR und unserer jeweils eigenen Rolle dabei stattfinden?

Oder ich sitze in einem Vorlesungssaal der Humboldt-Universität. Auf dem Podium sitzen drei West-Psychologen, die uns, für ein entsprechendes Entgelt natürlich, einen Vortrag halten, wie man sich als Psychologe in freier Praxis niederlassen kann. Sie schildern Details wie die Größe des Praxisschildes oder wie man sich anzuziehen hätte, wenn man von der Bank einen Kredit haben möchte. Für die Dame: Einfaches, aber gut gearbeitetes dunkles Kostüm. Mehrmals gehen Lachwellen durch den Saal. Sie verstehen nicht, worüber wir lachen. Mit einer mir unverständlichen Selbstverständlichkeit zelebrieren sie vor uns die Mechanismen ihres Systems, ohne zu beachten, dass dies für uns manchmal wie eine Karikatur des Kapitalismus aus dem Staatsbürgerkundeunterricht erscheinen muss. Und ohne zu beachten, wie sie alle Anwesenden mit einer unglaublichen Ignoranz entwerten.

Für andere Formen der Begegnung, das gemeinsame Gespräch zwischen den Zwillingen, brauchten wir Zeit und einen geeigneten geschützten Raum, in dem wir auch schreien und weinen könnten. Beides ist nicht da. Und ich denke, wir würden momentan auch keinen gemeinsamen Schrei zustande bringen. Wir sind nicht gleichermaßen existenziell betroffen. Zwilling Ost ist mit Existenzbewältigung voll ausgelastet, manchmal überfordert. Er wohnt in einem anderen Land, dessen Gesetze und Regelungen fast undurchschaubar und fremdartig erscheinen. Zwilling West hat zunächst das gleiche Leben wie vorher auch. Und Zwilling Ost wird das untergründige Gefühl nicht los: Irgendetwas wird auf meinem Rücken ausgetragen, an dem Zwilling West mehr beteiligt ist, als es jetzt aussieht.

Denn der unbewältigte Faschismus ist nicht nur in der Teilung Deutschlands und in dem paranoiden Staatssicherheitssystem zu finden, sondern auch in den Hochsicherheitstrakts der RAF-Häftlinge und den Schlachten um Brokdorf. Momentan laufen aber die Projektionen – besonders in den Medien – fast nur noch von West nach Ost, nur die Ostdeutschen sind die hässlichen Deutschen. Nur wir werden angeschaut, bewertet, seziert, belächelt oder bestaunt. Nur wir werden in den Augen der Westler gespiegelt. Und wenn wir in diese Augen blicken, sehen wir uns als verzerrte Gestalten aus den komisch-grausigen Spiegelkabinetten auf Rummelplätzen: mal zu dick, mal zu dünn oder zu konvex oder zu konkav. (Dafür ziehen die Ostdeutschen im kleinen Kreis kräftig über die Westler her.)

Die Westseite hat es momentan in keiner Weise nötig, die eigenen Abspaltungen anzusehen, weil sich ihr System gerade als das ökonomisch überlegene erwiesen hat. Auch dies ist, denke ich, eine der Ursachen der jetzigen Bitterkeit der ehemaligen DDR-Bürger: Es werden ihnen zwei Schuldenlasten auf den Rücken geladen, wobei die eine Schuld von Anfang an eine beidseitig zu tragende gewesen wäre und die andere Schuld nur die DDR-Bürger selbst etwas anzugehen hätte. Sie dürfte nicht von der Westseite dazu benutzt werden, sich selbst als rein und weiß, »so weiß, weißer geht's nicht« darzustellen.

Wenn ich jetzt mit Westlern rede, versuche ich immer die Medienbilder zu differenzieren und habe das Gefühl, andauernd alles erklären zu müssen. Ich komme mir manchmal vor wie eine Schallplatte, die ständig die gleichen Rillen wiederholt:

- Es war alles viel differenzierter …
- Viele Menschen hier haben ganz anders gelebt … Es gibt nicht den »typischen DDR-Bürger« …
- Der Einmarsch der Warschauer Paktstaaten 1968 in die CSSR war das Trauma meiner Generation …

- ➢ Wir haben eher eine osteuropäische Identität …
- ➢ Es gab einen gut funktionierenden Freundschaftsunderground, mit wirklichen menschlichen Verbindlichkeiten … usw. usf.

Trotzdem merke ich am skeptischen oder gelangweilten Blick meines Gegenübers, dass er mich nur schwer versteht. Ich müsste dazu auch wirklich noch viel mehr erzählen: die verschiedenen Geschichten wahrscheinlich, die ein Leben ausmachen. Z. B. auch die Geschichte, »Wie ich aufhörte, ein gläubiger Pionier zu sein«:

Ich war ein sehr eifriger und gläubiger Pionier (interessanterweise gibt es keine weibliche Form dieses Wortes). Das führte auch dazu, dass ich 1965 oder 1966 zum DDR-weiten Pioniertreffen in das damalige Karl-Marx-Stadt delegiert wurde. Dies war eine Auszeichnung und ich stellte mir das Ganze als ein fröhliches Fest vor. Dieses Fest bestand dann vor allen Dingen aus stundenlangen Aufmärschen, die wiederum mit stundenlangem Warten vor diesen Aufmärschen verbunden waren. Wir bekamen zwar beeindruckende Verpflegungsbeutel – das erste Mal in meinem Leben Mangosaft –, langweilten uns aber fast zu Tode. In einem dieser Aufmärsche wurde vor meinem »Marschblock« ein LKW mitgeführt, auf dem die überlebensgroßen Pappmaschee-Puppen der damaligen BRD-Politiker dargestellt waren. In meiner Erinnerung waren es Kiesinger und Erhard, und zu meinem wirklich großen Entsetzen wurden diesen Puppen, vor der Tribüne angekommen, die Köpfe abmontiert und auf einen anderen LKW geladen, der das Spruchband »Müllhaufen der Geschichte« trug. Das 13-jährige Mädchen, das ich war, hatte das Gefühl, einer wirklichen Hinrichtung beizuwohnen. Ich weiß, dass es dieser Moment war, an dem ich innerlich ausgestiegen bin. »Oder meinen Sie«, wie mir mein Stasi-Verhörer in der Nacht vom 7. zum 8. Oktober

1989 auf meine Frage, was er von den Zuführungen der Demonstranten halte, antwortete: »Meinen Sie, wir haben nicht nachgedacht?«

Manchmal ging der deutsche Riss auch durch einen Menschen hindurch und ich kann mir einfach nicht vorstellen, dass er nicht auch durch einen Westdeutschen gegangen ist. Genauso wenig, wie ich mir vorstellen kann, dass dieses Gefühl, auf der besseren, also moralisch gerechteren Seite zu stehen, noch eine Seite ernsthaft aufrechterhalten kann.

Aber scheinbar waren wir für die so schnelle und schockartige Aufhebung der Spaltung auf beiden Seiten nicht reif genug; so setzen die Projektionen auch ohne die Mauer kräftigst wieder ein. Und leider scheinen viele in ihrem Selbstbewusstsein ohnehin arg gebeutelte Ostdeutsche diese Projektionen auch anzunehmen. Eine Umfrage des Bielefelder Emnid-Instituts hat ergeben, dass sich die Westdeutschen als die besseren Menschen sehen, während die Ostdeutschen von sich selbst eine eher negative Einschätzung haben. Die Westdeutschen halten sich selbst für fleißiger, weltoffener, geschäftstüchtiger, entschlusskräftiger und ideenreicher. Die Ostdeutschen halten sich eher für unselbstständig, provinziell, entscheidungsfaul und nicht geschäftstüchtig. Dies sind fast Beschreibungen manischer und depressiver Zustandsbilder aus einem Psychiatrie-Lehrbuch. Die Meinungen übereinander sind dann auch so wie die Zuschreibungen der Angehörigen über solche Patienten: Die Westdeutschen halten die Ostdeutschen für faul, ideenarm und starr, während die Ostdeutschen die Westdeutschen als überheblich und rücksichtslos schildern.

Und was denken die Therapeuten übereinander? Eine Forschungsgruppe um Eva Jaeggi hat west- und ostdeutsche Psychologen über ihre Meinung voneinander befragt. Die Westpsychologen denken über die Ostpsychologen, dass diese die Patienten trimmen, ans System anpassen und womöglich fast alle Stasi-Mitarbeiter waren. Die Ostpsychologen glauben, dass die Westpsychologen kalt und heuchlerisch sind, nur vom Geld und der Konkurrenz bestimmt werden und sich an die Bürokratie angepasst haben.

Diese undifferenzierten Zuschreibungen können nur funktionieren, wenn man sich nicht kennt und wenn man die nach 1945 entstandene psychische Abspaltung weiter aufrechterhalten will, die ganze psychische Energie des deutschen kollektiven Unbewussten weiterhin auf Abspaltung zielt, auf immerwährende Verdrängung.

Denn sonst könnten wir doch endlich sehen, dass wir zwei Seiten einer Medaille sind.

Meine These ist, dass die alte und die neue Schuld nur angesehen und verstanden werden können, wenn wir beginnen, den unreifen Abwehrmechanismus der Spaltung, der natürlich Ausdruck unserer unreifen, widersprüchlichen Objektbeziehung zu Mutter Deutschland und Vater Staatsgebilde – und Ausdruck unserer nicht gefühlten Schuld-Scham-Wut ist, in uns und zwischen uns aufzuheben.

Die ständigen Projektionen hinüber und herüber bewirken keinesfalls mehr Selbstverständnis, sondern verstärken die Abwehr. Wenn die Menschen in der ehemaligen DDR mit dieser Abwehr in eine existenzielle Notsituation geraten und ihre dumpfen Minderwertigkeitsgefühle sie zu überwältigen drohen, liegt die Versuchung nahe, zum Baseballschläger zu greifen. In der zunehmenden Ausländerfeindlichkeit spüre ich auch die Wut und Enttäuschung darüber, dass die deutschen Schwestern und Brüder sich so fremd sind, dass Zwilling Ost und Zwilling West miteinander nicht auskommen. Nur wenn wir versuchen, die Wut, die wir als Deutsche gegeneinander haben, auch wahrzunehmen, können die Projektionen auf Ausländer abgemildert werden. Wenn wir unserem Selbstverständnis als Deutsche näher kommen wollen, als eine Form der Vorbeugung gegen neonazistisches Handeln, sollten wir damit beginnen, über unsere gegenseitigen Projektionen zu reden, um sie genauer als solche wahrnehmen und dann auch zurücknehmen zu können. Wie immer ist die Rücknahme von Projektionen ein schmerzlicher Prozess.

Im Frühjahr 1990 teilte mir eine Patientin mit, dass sie mir nicht mehr vertrauen könne, weil ich an einer »Stasi-Klinik« gearbeitet habe. Sie wollte, dass ich ihre Akte vor ihren Augen vernichte und sie wollte mich danach nicht mehr sehen. Ich hatte mit dieser Patientin einen intensiven wöchentlichen Kontakt über zwei Jahre. Unsere Beziehung drohte zu zerbrechen.

In der nächsten Therapiestunde legte ich die Akte vor sie hin, nachdem ich mich darüber informiert hatte, dass ich damit eigentlich gegen neue Datenschutzgesetzlichkeiten verstieß, und bat sie, sich die Akte mit mir gemeinsam anzusehen und dabei zu entscheiden, ob weiterhin die ganze Akte oder welche Seiten dieser Akte vernichtet werden sollten. Nach dieser Stunde hatte ich sämtliche Kleidungsstücke durchgeschwitzt. Ich habe mich vor der Patientin in Grund und Boden geschämt über die Zuschreibungen und Etikettierungen, die in der Epikrise der Station, aber natürlich vor allem aus meinen Eintragungen über sie hervorgingen.

Am Ende der Stunde verzichtete die Patientin auf die Vernichtung der Akte und teilte mir außerdem mit, dass die Verformung und gelbliche Verfärbung meines Gesichtes, die für sie Hinweise auf meine Stasi-Zugehörigkeit gewesen seien, nun einer natürlichen Gesichtsfarbe gewichen seien.

Vielleicht könnte der Abriss der Klage- und Projektionsmauer dazu beitragen, dass wir uns zusammen ansehen, was wir uns gegenseitig in die Akten geschrieben haben und dass unsere gespaltenen Gesichter wieder eine realitätsnahe Färbung annehmen.

November 1991

Literatur

Benz, U. (1991): Frühe Kindheit im Nationalsozialismus. Der Mythos Mütter im Hitlerreich und seine Folgen. Psychosozial 14(47), 30–42. (Schwerpunktthema: Psychoanalyse als politische Psychologie, herausgegeben von H.-J. Wirth).

Benz, U. (1992): Der Mythos von der guten Mutter. In: Rauschenbach, B. (Hg.): Erinnern, Wiederholen, Durcharbeiten – Zur Psycho-Analyse deutscher Wenden. Berlin (Aufbau-Verlag).

Levi, P. (1988): Ist das ein Mensch? München, Wien (Hanser).

Theweleit, K. (1978): Männerphantasien. Frankfurt a.M. (Roter Stern).

Zweifache und zweiseitige Verdrängung – Schamlosigkeit und Scham

Im Dezember 1991 konnte man in der *Berliner Zeitung* einen Bericht darüber lesen, auf welche Art und Weise man Menschen auch »abwickeln« kann. Bei einem zum Jahresende abzuschaltenden Rundfunksender wurde den Mitarbeitern die Entscheidung über die Entlassung oder die Neueinstellung bei einem anderen Sender auf folgende Weise mitgeteilt: In einem Raum stand ein Telefon auf einem Tisch. Die in einer Schlange vor dem Raum stehenden Mitarbeiter hatten einzeln in den Raum zu treten und wurden über dieses Telefon mit der »Zentrale« in einem der Alt-Bundesländer verbunden. Nach der Nennung ihres Namens konnten sie über das Telefon die Entscheidung über Entlassung oder Neueinstellung, die Entscheidung über ihre weitere berufliche Existenz erfahren. Danach hatten sie wieder an der Schlange ihrer wartenden Kollegen vorbeizugehen und dann die Freiheit, sich ihre Gefühle anmerken zu lassen oder nicht.

Nach dem Lesen dieses Berichts merkte ich, wie eine Welle von Gefühlen auf mich zurollte, die ich zunächst von mir weg hielt. Der erste Gedanke war: Wieder dieses Fehlen von Würde und Anstand, wie es schon mein Kollege Paul Franke als ein hervorstechendes Merkmal des deutschen Vereinigungsprozesses bezeichnet hatte. Dann stieg langsam Wut in mir auf. Darunter aber und eigentlich viel durchdringender und existenzieller lag Scham. Ich schämte mich für beide Seiten: Für die Seite, die es nötig hat und es überhaupt fertig bringt, so mit den Neu-Bürgern umzugehen und für die Neu-Bürger, die brav in dieser Schlange stehen und nicht aufbegehren.

Und da ich nun dabei war, über Scham nachzudenken, begleitet durch die Lektüre des Buches *Die Maske der Scham* von Leon Wurmser, wurde mir klar, wie oft ich mich in diesem Prozess der Vereinigung schon geschämt hatte: in der Schlange beim Abholen des Begrüßungsgeldes, über den Jubel der Leute beim Empfang der D-Mark, über das erste Wahlergebnis. Ich schämte mich über die so sichtliche Gier meiner Landsleute, für ihre Unreife und Unterwürfigkeit. Ich schämte mich, diesen Ostdeutschen anzugehören, die anscheinend nichts lieber wollten, als ihre mühsam erworbene Eigenständigkeit sofort wieder aufzugeben. Und mich entsetzte andererseits die Schamlosigkeit, mit der mir gut bekannte Genossen und Genossinnen sich in die neuen Strukturen einpassten, so als ob die Erinnerung daran wie weggeblasen wäre, was sie noch Monate zuvor vertreten und getan hatten.

Das Ausgangsbild der »anonymen Telefonentlassung« bietet eine Möglichkeit, die psychischen Dimensionen der jetzigen Situation zu verstehen, weil es für mich viel Exemplarisches für unseren Zustand zu enthalten scheint, wenn auch in sehr krasser Form.

Die Entwürdigung in dieser Situation liegt offen zutage. Wenn ich im schon einmal ausgeführten Zwillingsbild bleibe: Der West-Zwilling hat die größere ökonomische Macht, er hat die Macht, den Ost-Zwilling zu entlassen. Die Schlagworte von »ökonomischer Effizienz« und »ökonomischer Notwendigkeit« ziehen eine bestimmte Art von Beziehungsgestaltung nach sich, in der das Machtgefälle von West nach Ost einem sozusagen »mit dem nackten Hintern ins Gesicht« springt. Gleichzeitig aber kommt es nicht dazu, dass der West-Zwilling dies dem Ost-Zwilling wirklich ins Gesicht hinein sagt – es scheint ihm peinlich zu sein. Denn er weiß irgendwie, dass er diese Macht nicht nur durch eigenen Verdienst erworben hat. Sie ist ihm zugefallen; durch Zufall lebte er nach dem Krieg in dem Teil des Landes, der – mithilfe der westlichen Besatzungsmächte – ökonomisch weitaus effizienter war und sowohl reicher als auch demokratischer wurde – und der Umbruch in der DDR ist auch nicht das Ergebnis seines Handelns. West-Zwilling weiß außerdem, dass er Ost-Zwilling über Jahre vergessen hatte, ihn innerlich verlassen hatte und fühlt sich auch deswegen schuldig. »Wo ist dein Bruder Abel? – sprach der Herr zu Kain.« Bei Wurmser finde ich den Begriff von der »Trennungsschuld«: Er meint die meist unbewusste Fantasie, die Trennung mit dem Mord am anderen gleichsetzt. Und wenn sich West-Zwilling sowieso schon schuldig fühlt, geht ihm das Gejammer des Ost-Zwillings besonders auf die Nerven, darüber wie schwer der es gehabt habe, und auch seine überzogenen Ansprüche, jetzt auch gleich alles haben zu wollen. Der Bruder, dem es scheinbar immer besser gegangen ist, mag nicht dauernd daran erinnert werden.

Ich nehme also an, Zwilling West fühlt sich schuldig und ist auch beschämt – aber dies ist gut verdrängt. Dies kommt in der Situation der telefonischen Entlassung nur durch die vorgeführten Abwehrformen, die Maskierungen von Schuld und Scham zum Ausdruck. Zwilling West verbirgt sich hinter dem Telefon und hinter der »Zentrale«. Er ist weder eine Person noch ein Gesicht. Er depersonalisiert sich. Und er setzt außerdem noch eine andere Abwehrform der Scham ein: die Wendung von passiv zu aktiv. Zwilling Ost wird lächerlich und verachtenswert gemacht. Er muss in der Schlange stehen und hört dazu noch: »Das ist der ja gewöhnt.«

Diese Abwehrmechanismen gegen eigene Schuld und Scham kommen jetzt besonders zur Wirkung. Um sich den wirklich ekligen Gefühlen der Schuld und der Scham nicht aussetzen zu müssen, wird der Spieß herumgedreht: Spott, Verhöhnung und Erniedrigung des Ost-Zwillings setzen ein. Die Ostler werden so oft mit dem Kopf in die eigenen Exkremente gestoßen, wie es bei der Sauberkeitserziehung von Hunden üblich ist (vgl. Moser 1992). Sie haben in baufälligen Wohnungen in einer verschmutzten Umwelt autoritär ihre Kinder erzogen, sich gegenseitig ständig bespitzelt, zu wenig und ineffizient gearbeitet und selbst im Bett haben sie nicht über die richtigen Techniken Bescheid gewusst oder nicht die entsprechenden Gleit- oder Reizmittel angewandt. Und nun sollen sie sich endlich und gründlich schämen für diesen ganzen Dreck und diese ganze Zurückgebliebenheit.

Ich leugne nicht, dass da wirklich sehr viel Dreck war und ist. Ich bezweifele aber, dass man auf diese Weise mit ihm fertig werden kann. Erneute Entwürdigung, die öffentliche Zurschaustellung des verdreckten Schuldigen führt nicht zu mehr Selbstoffenheit und Selbsterkenntnis – eine Binsenweisheit, die jetzt jeden Tag verleugnet wird.

Sehen wir uns den Ost-Zwilling an, der in dieser Schlange steht. Er empfindet die Entwürdigung durchaus. Er hat auch Wut, die sich aber gleichzeitig mit der Angst mischt, die Anstellung nicht zu bekommen. Er empfindet Scham – unverdrängt, Scham über die Bloßstellung, was man schon wieder mit ihm machen kann und natürlich Scham darüber, was er in den DDR-Jahren in mehr oder weniger großem Ausmaß mit sich machen ließ oder selbst getan hat. Und gerade dies hält ihn ab, sich zu wehren: Er meint, die Demütigung zu verdienen. Er fühlt: Ich bin nicht liebenswert, und die Art, wie man mich behandelt, geschieht mir ganz recht. Er ist der ungeliebte und erniedrigte Zwilling, der die erneute Demütigung provoziert. Oder er muss dieses Gefühl des eigenen Liebesunwertes stark abwehren und wird derjenige, der sich bei den neuen Pflegeeltern schamlos anschmiert und sich dreimal bedankt, dass er mit am Tisch sitzen darf. Beides sind Verhaltensweisen, die nur weitere Verachtung seines West-Zwillings heraufbeschwören.

Eine Zuspitzung erfährt diese Wehrlosigkeit oder Beugehaltung des Ost-Zwillings durch die wirklich ungeheuerlichen Fakten, die mit der Öffnung der Stasi-Akten ans Licht kommen. Falls er zu den Bespitzelten gehörte, muss er sich mit dem Gefühl herumschlagen, dass die Staatssicherheit versucht hat, sich in seiner Seele einzunisten. Nun kann er sich auch in seiner persönlichsten Vergangenheit nicht mehr sicher fühlen, viele Ereignisse seines Lebens müssen ganz neu angesehen werden, gehören ihm selbst nicht mehr ganz. Falls er zu den Spitzeln gehörte, kommt die Schuld überdeutlich zutage.

Wir erleben also ein Zwillingspaar, von denen der eine, mit doppelter Schuld beladen, in allen Lebensbereichen verunsichert und mit neuen Strukturen konfrontiert, mühsam um die Erhaltung eines Rests von Selbstachtung ringt, während der andere meint, sein bisheriges Leben einfach weiterführen zu können und sich mühsam zu zügeln versucht, den östlichen Zwilling nicht allzu sehr zu verachten. Diese Spirale von Schuld, Demütigung, wehrloser Depression oder schamloser Neuanpassung auf der einen Seite und von Verachtung, Aktivismus und Großmannssucht auf der anderen, könnte mich zur Verzweiflung treiben, weil ich das Gefühl habe, dass diese so typisch deutsche Art, mit fehlender Selbstachtung und mangelnder Selbstkenntnis umzugehen, bis zum Erbrechen wiederholt wird.

Erinnern – Wiederholen – Durcharbeiten. In diesem

Jahrhundert waren wir alle, waren alle Deutschen die »hässlichen Deutschen« und dies mit gutem Grund. Wenn jetzt nur noch die Ostdeutschen die hässlichen sein sollen – die Überangepassten, die Kriecher, die Spitzel, die Verräter, die Neonazis – dann findet eine Delegation statt. Unsere gemeinsame faschistische Vergangenheit wird nun auf die Weise verleugnet, dass den DDR-Deutschen die Rolle zugeschrieben wird, die finstere und gemeine Tradition des Nationalsozialismus fortgesetzt zu haben.

Sehr schmerzlich spüre ich das Verstummen der westlichen Linken in diesem Vereinigungsprozess. Sie hat mit dem Verlust der DDR als Ort der Utopie anscheinend auch erst einmal die öffentlichen Artikulationsmöglichkeiten verloren. Dabei könnte sie vieles von der einseitigen Wucht der Schuldzuweisungen an die alte DDR mildern.

Ich denke, in der deutschen Vereinigung könnte auch die Chance für beide Seiten liegen, die Vergangenheit und gleichzeitig beide Nachkriegsgesellschaften mit neuen und nun mit beiden Augen anzusehen. Für dieses gegenseitige Verstehen, für das gemeinsame Ansehen von Schuld und Scham brauchen wir Kreativität, innere Integrität und Selbstloyalität und – das Pathos sei mir verziehen – Liebe. Diese Eigenschaften scheinen uns in der gegenwärtigen schneidenden Situation im öffentlichen Diskurs völlig abhanden gekommen zu sein. Paul Parin (1990) spricht in einem Essay über die »unheimliche Schwierigkeit der Deutschen, die tyrannische Instanz loszuwerden« (S. 151). Aber »erst ein Prozeß, der von Schuld und von der vernichtenden Scham entlastet, von Taten, an denen jeder psychisch teilgenommen hatte, der der Produktion seiner Unbewußtheit nicht widerstehen konnte, gibt den Blick frei« (ebd., S. 134).

Februar 1992

Literatur

Franke, P. (1991): Ihr und Wir. Trennung und Vereinigung. Unveröffentlichter Vortrag.
Moser, T. (1992): Besuche bei Brüdern und Schwestern. Frankfurt a.M. (Suhrkamp).
Parin, P. (1990): Noch ein Leben. Freiburg (Kore).
Wurmser, L. (1990): Die Maske der Scham. Berlin, Heidelberg (Springer).

Versuch, mir und anderen meine ostdeutsche Moral zu erklären

Ich war nicht neutral, als ich Erich Honecker als Angeklagten auf der Bank sitzen sah. Mit ihm persönlich habe ich keine Rechnung zu begleichen, da ginge es mir mit Margot Honecker schon anders. Aber er saß als Repräsentant des Staates vor Gericht, in dem ich 38 Jahre gelebt hatte und dem ich mich bei allem Abstand und aller oppositionellen Kritik doch so weit verbunden fühlte, dass ich ihn nicht verlassen hatte. Es waren widerstreitende Gefühle, die dieser Strafprozess in mir auslöste: Freude und Genugtuung, dass einer der Oberen der alten DDR sich der Verantwortung nicht entziehen konnte, die er vorher in so hypertrophiertem Maße für uns zu haben meinte. Da war Mitleid mit einem alten Mann, der für seine antifaschistische Gesinnung viele Jahre seines Lebens in Haft verbringen musste und der im letzten Stadium seiner Krankheit eigentlich nicht mehr in einen Gerichtssaal gehörte. Aber da war auch Erleichterung, als in den ersten Prozesstagen berichtet wurde, dass er fast elegant, gewandt und der Situation gewachsen aufgetreten sei. Denn ein erbärmliches Staatsoberhaupt – wie wir schon einen erbärmlichen Chef des ehemaligen Staatssicherheitsdienstes hatten – hätte doch nur die gängigen Klischees über die Ostler bedient. Und dann stiegen wieder Wut und Empörung in mir auf, als er in seiner Verteidigungsrede die persönliche und moralische Verantwortung für die Toten an der Mauer zurückwies.

Diese verschiedenen Gefühle sind offensichtlich die Facetten meines Loyalitätskonfliktes. Loyalität nicht gegenüber Erich Honecker – die hatte ich nicht –, gemeint ist die Loyalität zur ehemaligen DDR. Dieser Konflikt ist durch meine Sozialisation in der DDR bedingt, in der ich jahrzehntelang mit Moral überfrachtet wurde; und zwar mit der Moral, für die Erich Honecker dann auch als Repräsentant vor Gericht stand. Aber vielleicht versuche ich, die ganze Geschichte meiner moralischen Prägungen genauer zu erzählen – eine Geschichte, die wahrscheinlich nur für die Schicht und Generation gültig ist, aus der ich komme. Eigentlich kann ich nur für mich selbst sprechen, da meine Biografie keineswegs »typisch« ist. Mit meiner individuellen Darstellung werde ich vielleicht auch dem jetzt vorherrschenden Bild entgegenwirken, dass alle DDR-Bürger gleich seien.

Die Moral, die ich in Kindergarten und Schule und weitaus differenzierter von meinen Eltern vermittelt bekam, war eine antifaschistische, besser müsste ich sagen: eine nachfaschistische. Es war die Moral der Antifaschisten, die überlebt hatten und die Moral der jungen Aufbaugeneration der DDR. Diese Aufbaugeneration, zu der auch meine Eltern gehörten, war selbst noch von der faschistischen Erziehung geprägt worden; und sie fühlte sich deswegen und wegen des Mitläufertums ihrer Eltern verständlicherweise schuldig. Sie wollte sich von diesem Erbe eindeutig abgrenzen und frei machen.

Mir ist heute klar, dass ich regelrecht mit Antifaschismus gefüttert wurde – und im Gegensatz zum jetzt umlaufenden Schlagwort vom »teilnahmslosen« Antifaschismus der DDR-Pädagogik kenne ich von mir persönlich einen überaus »teilnahmsvollen« Antifaschismus. Bei mir zu Hause wurde sehr viel über die Zeit des Nationalsozialismus gesprochen, meine Eltern hatten Freunde, die selbst im KZ gewesen waren; und ich las relativ früh Bücher wie *Das siebte Kreuz* von Anna Seghers oder sah Filme wie *Nackt unter Wölfen* (die Geschichte des Buchenwald-Kindes), *Ballade vom Soldaten* (die Geschichte eines russischen Soldaten) u. a. Ich konnte mir die Zeit des zwölfjährigen Reiches nur als eine Zeit unsäglicher Gräuel vorstellen, die ich als Kind nicht anders als mit Entsetzen und Fassungslosigkeit wahrzunehmen vermochte. Wie konnten Menschen, noch dazu Deutsche, zu solchen Gräueln fähig sein? Das sehr früh angebotene sozialökonomische Erklärungsmodell vom »Faschismus als hoch entwickeltster Form des Monopolkapitalismus« und die Projektion, dass diese Verbrecher nun alle im Westen Deutschlands lebten, boten meiner kindlichen Psyche Entlastung. Doch in all diesen Schilderungen oder Auseinandersetzungen kamen der normale faschistische Alltag, die deutsche Kleinbürgerlichkeit mit ihrer »Banalität des Bösen« nicht vor. Und es wurden auch nicht die psychischen Bedingungen für die Anfälligkeit des Kleinbürgers untersucht, sich an grandiosen Ideen zu berauschen und sich in Hierarchien bedingungslos unterzuordnen. Dies hätte ja bedeutet, sich auch mit den psychischen Wurzeln des Funktionierens von Diktaturen überhaupt zu befassen; und von den Mächtigen war keiner daran interessiert, an dem Ast zu sägen, auf dem sie alle saßen.

Stattdessen also in der Pädagogik und in der ideologisierten Öffentlichkeitsarbeit eine auf die Spitze getriebene Schwarz-Weiß-Malerei. Auf der einen Seite die nicht mehr einfühlbaren faschistischen Monster und auf der anderen Seite die reinen Lichtgestalten der Antifaschisten.

(In der Literatur und Kunst gab es allerdings wesentlich differenziertere Darstellungen.)

Mein einschneidendstes Erlebnis in einer ganzen Reihe nachfaschistischer Erziehungseindrücke war ein Besuch des Frauenkonzentrationslagers Ravensbrück im Alter von elf Jahren. Aus einem Sommer-Pionierlager führte man uns ohne jede Vorbereitung in die Gedenkstätte des KZ – es war ein Programmpunkt des Ferienlagers, der eben absolviert wurde. An einem sehr heißen Tag wurden wir mit grauenvollen Fotos aus dem Lager konfrontiert: Porträts von skelettartig abgemagerten Frauen, Fotos von Bergen von Frauenleichen. Auch der Anblick von noch erhaltenen Folterwerkzeugen, zum Beispiel einem Prügelbock, blieb uns nicht erspart. Ich fühlte mich von diesen Eindrücken so überwältigt, dass ich das einzige Mal in meinem Leben ohnmächtig wurde. Mir ist heute klar, dass diese Art der Konfrontation mit Faschismus ein sadistischer Akt war. (Und deswegen kann ich trotz meiner hellen Empörung auch nachvollziehen, was Menschen auf die Idee bringen konnte, unweit dieses Geländes einen Supermarkt zu errichten. Es war seitens der Anwohner neben der Verdrängung von Schuld und Scham auch ein äußerst unglücklicher Versuch der Zurückweisung dieses nachfaschistischen Sadismus.)

Nach diesem Erlebnis begann ich mich noch mehr mit dem Nationalsozialismus zu beschäftigen. Ich las die Biografien von Käthe Niederkirchner und Olga Benario-Prestes, die beide in Ravensbrück ermordet wurden. Es waren Berichte über heroische Frauen, in denen die genaue Schilderung ihrer Foltern und ihrer Standhaftigkeit in der Folter einen breiten Raum einnahm. (Bis heute habe ich das Bild einer Frau in der Seele, die unglaublich geschlagen wird und dabei immer einen bestimmten Farbpunkt an der Decke fixiert, um es irgendwie auszuhalten.) In mir begann sich die Vorstellung zu entwickeln, dass man ein solcher Mensch sein müsste: Jemand, der der Folter widerstehen kann, der unter den widrigsten Umständen seiner Idee treu bleibt. Gleichzeitig wusste ich, dass ich dieser Mensch auf keinen Fall war, da ich eigentlich sehr harmoniebedürftig war und besonders vor körperlichen Schmerzen immer große Angst hatte; jeder Zahnarztbesuch stellte für mich ein schier unüberwindliches Hindernis dar. Aber das Bild von der Märtyrerin für eine Idee war mir schon in die Seele gesenkt und wie mir auch vielen anderen. (Bei manchen führte es aber zu heftiger Abwehr dieser zugewiesenen Märtyrerrolle. Nichts anderes kann einen Jungen aus meiner Klasse mit zwölf Jahren dazu gebracht haben, Hakenkreuze an die Wände des Schulhauses zu malen. Er war ganz bestimmt kein Neonazi, und nur die völlig überzogene Reaktion der Erwachsenen muss ihn dann darin bestätigt haben, dass er offensichtlich einen allergischen Punkt getroffen hatte und so die lang ersehnte Aufmerksamkeit bekommen konnte.) Diese Zuweisung der Märtyrerrolle geschah auf sehr vielen Ebenen, auch durch die Lieder, die man in der Schule lernte, z.B. *Das Lied vom kleinen Trompeter.* Es ist angeblich Honeckers Lieblingslied, das er an seinem Grab gespielt haben möchte: Der heroische Tod eines Kindes für die sozialistische Idee. »Von all unsern Kameraden war keiner so lieb und so gut, wie unser kleiner Trompeter, ein lustiges Rotgardistenblut.« Es rührte mich zu Tränen. »Ich trage eine Fahne und diese Fahne ist rot [...]. Die Fahne ist niemals gefallen, so oft auch ihr Träger fiel.« »Es steht ein Mann, ein Mann, ein Mann wie eine Eiche – vielleicht ist er schon morgen eine Leiche, wie es schon vielen Freiheitskämpfern ging.« Der Mensch ist austauschbar, die Idee bleibt.

Dies war anscheinend auch eine Art, mit dem Verlust der vielen gemordeten Freunde und Genossen umzugehen: Sie wurden die Märtyrer der einzig wahren Idee.

Die Geschichten von den gemordeten Antifaschisten waren die Heldensagen der DDR (die Ermordung von Millionen Juden war dabei meist nur ein Nebenthema), und die Überlebenden erfüllten deren ideelles Vermächtnis – schon deshalb mussten sie im Recht sein. Es wurde dabei völlig verschwiegen oder verdrängt, wie die Überlebenden überleben konnten, welchen Preis an Menschlichkeit sie zu zahlen hatten und wie sie durch eine derartige Verfolgung selbst deformiert wurden.

Die Antifaschisten, die nach dem Zweiten Weltkrieg als Machthabende eingesetzt wurden, haben so, mehr oder weniger bewusst, ihre unter der Verfolgung entstandenen Selbst- und Feindbilder und ihre Verletzungen weitergegeben. Sie installierten damit ein quasi-sadistisches Über-Ich, das seine Berechtigung aus der Anzahl der Toten, den Qualen der Opfer und ihren eigenen Leiden zog. Ein Über-Ich, das auf der einen Seite die Buße für diese Opfer und dieses Leid (für die deutsche Schuld) verlangte und das auf der anderen Seite den Wert eines Menschen an der Treue zu ihrer Ideologie maß. Diese Antifaschisten, zu denen auch solche Künstler wie Brecht und Anna Seghers gehörten, waren der Überzeugung, dieses Volk, das den Nationalsozialismus bejubelt und getragen hatte, nur noch erziehen, bestrafen oder belehren zu müssen – und dies bis ins dritte Glied.

Zu der grausamen Wahrheit, dass Unmenschlichkeit auch die Opfer unmenschlicher macht bzw. dass über eine bestimmte Art von Leiden hinaus diese Opfer nicht edler, sondern nur selbst grausamer und paranoider werden – besonders wenn sie in Machtpositionen gelangen, die dauernd bedroht sind –, zu dieser Wahrheit hatten wir, die Enkel der Nazi-Mitläufer, uns erst durchzukämpfen.

Die oben beschriebene nachfaschistische Moral mit den Säulen: Standhaftigkeit unter widrigsten Umständen, Treue zur Sache, Entwicklung der Persönlichkeit im Dienste der Sache (klingt das nicht ein bisschen nach »zäh wie Leder, hart wie Kruppstahl« ...?), diese Moral ist eine unter brutalen Umständen und im Widerstand gegen Unmenschlichkeit entstandene Moral, die selbst wieder brutal war. »Wir, die wir den Boden bereiten wollten für Freundlichkeit, konnten selber nicht freundlich sein« – wie habe ich diese Zeilen von Brecht später gehasst, wurden sie doch ständig herangezogen als Entschuldigung für die Ungerechtigkeiten und Brutalitäten in der DDR und für das weitere Gefangensein in der Vernichtungslogik. (Erich Honecker ist bis heute nicht aus diesem Teufelskreis ausgestiegen; seine erhobene Greisenfaust macht dies auf herzkrampfende Weise deutlich.)

Diese nachfaschistische, selbst sadistische Moral bildete sozusagen meinen moralischen Urgrund, in den dann die anderen Werte eingepflanzt wurden: Die zehn Pioniergebote, die Timur-Brigaden-Ideologie usw. Das Ganze war eingebettet in den Mythos vom Kollektiv, dem man sich in jedem Fall unterzuordnen bzw. für das man eigene Strebungen zurückzustellen hatte.

So kam es, dass ich, auch wenn ich bei manchen Fahnenappellen, bei den Pioniernachmittagen und bei einigen Lesetexten aus den Schulbüchern ein merkwürdig flaues Gefühl hatte, dies immer als das kleinere Übel anzusehen versuchte, um so viel weniger schlimm als der »böse« Faschismus, der im anderen Deutschland angeblich kräftig weiterwucherte.

Irgendwann musste dieser moralische Rigorismus mit seiner Mischung aus eingepflanzten Schuldgefühlen (für eine Schuld, die ich als ganz persönliche Schuld nicht hatte) und hochmütiger Rechthaberei (denn wer einmal auf der antifaschistischen Seite stand, war sozusagen schon deswegen für immer im Recht) mit der Realität kollidieren.

An einen der ersten ernsten Konflikte in der Realität

erinnere ich mich noch genau: Wir sollten uns in der dritten Klasse durch Unterschrift verpflichten, keinen Westsender zu hören oder zu sehen. Alle unterschrieben und sahen oder hörten mit mehr oder weniger großer Ruhe weiter. In mir stritt das Gefühl, dass man wirklich den feindlichen Sender ignorieren sollte, mit der Lust auf bestimmte Sendungen. Meine Eltern sagten: Wenn du unterschrieben hast, musst du dich auch daran halten. Irgendwann löste sich dieses Gebot auch wieder auf, aber lange Zeit sah ich nur mit unterdrückten Schuldgefühlen meine geliebten Kindersendungen. Und ich hatte auch Angst, erwischt und bestraft zu werden. Auf dem Marktplatz in Halle wurden zu dieser Zeit Fernseher ausgestellt, daneben Antennen, die umgeknickt waren, weil sie in die falsche Richtung gezeigt hatten.

Eine weitere Anfechtung für meine moralische Weltanschauung war das Leiden an der Unlebendigkeit und Langeweile des Pionierdaseins. Das leere Abarbeiten von Formalitäten beispielsweise bei einer Gruppenratswahl konnte mir die letzte Freude am Sozialismus verderben. Meine Strategie bestand dann darin, »es besser zu machen«, Funktionen zu übernehmen und zu versuchen, eigene Ideen zu gestalten. Von der fünften Klasse an hatte ich Funktionen bei den Pionieren, später bei der FDJ. Letztlich habe ich nichts besser gemacht, manches war eitles Geltungsbedürfnis, und für manchen leidenschaftlichen politischen Auftritt könnte ich jetzt noch vor Scham im Boden versinken. Aber ich habe es ernst gemeint mit der besseren Welt, mit der ich auch die unsrige meinte.

Mit der Pubertät kamen dann die eigentlichen Konflikte und Fragen. Der Freund, in den ich verliebt war, erzählte mir vom Stalinismus und gab mir die Protokolle des Slansky-Prozesses zu lesen. Ich war erschüttert von den seitenlangen Selbstbeschuldigungen der Angeklagten und begann mich nun sehr intensiv mit dem Stalinismus zu beschäftigen. Bei meinen Eltern fand ich Unterstützung und Literatur. Sehr früh las ich Solschenizyn.

1968 war ich 16 Jahre alt, und dieses Jahr hat alles verändert. Glühend verfolgte ich die Ereignisse des Prager Frühlings. Im April 1968 wurde über die neu erstellte Verfassung der DDR, »die erste sozialistische Verfassung auf deutschem Boden«, abgestimmt. (Erinnert ihr Euch noch, DDR-Bürger, wie ihr alle mit »Ja« gestimmt habt?) Eine Gruppe von Freunden und ich gestalteten zu diesem Thema eine Wandzeitung. Wir brachten Zitate von Ernst Fischer, Wolf Biermann und Alexander Dubcek zusammen mit dem Artikel über »freie Meinungsäußerung« aus der alten Verfassung an die Wand. Diese Zeitung hing höchstens zwei Stunden im Treppenaufgang unserer Schule, bevor sich der Direktor persönlich daran machte, sie abzureißen. Es folgten inquisitorische Gespräche und Abmahnungen, die sich nach einem Monat plötzlich noch verschärften – als angeblich von Margot Honecker persönlich die Weisung kam, mit uns strenger zu verfahren. Was dann folgte, war eine Art Kleinauflage stalinistischer Prozedur:

Wir wurden als Konterrevolutionäre bezeichnet und je nach vermeintlicher Beteiligung abgestraft. Ein Teil der Verfasser musste nach dem Abitur ein Jahr »in die Produktion« (interessanterweise war es im Arbeiter- und Bauernstaat eine Strafe, in die Arbeiterklasse eingereiht zu werden), was bedeutete, dass sie, weil sie Jungen waren, in diesem Jahr zur Armee gezogen wurden und so erst zwei Jahre später studieren konnten. Vor allem aber hatten sie die ekelhaften Repressionen der NVA zu erdulden. Ich selbst erhielt als die Jüngste von allen einen Verweis vor dem Fahnenappell, der mir nun gar nichts ausmachte, sondern im Gegenteil mein pubertäres Hochgefühl stärkte, es »denen« mal gezeigt zu haben.

Aber die nächsten zwei Jahre an dieser Schule wurden dann doch bitter – die Freunde nicht mehr da und ich »auf der Abschussrampe«, wie der Staatsbürgerkundelehrer meinen Status bezeichnete. Ich wurde ständig auf Wohlverhalten beobachtet und gezielt gedemütigt, indem ich z.B. den Auftrag erhielt, zum Einmarsch der Warschauer Paktstaaten in die CSSR einen Vortrag zu halten, wo doch jeder wusste, wie entschieden ablehnend ich diesem gegenüberstand. Ich hielt einen Vortrag, der nur aus Zitaten bestand, keineswegs nur zustimmenden – ohne ein einziges persönliches Wort. Trotzdem schäme ich mich bis heute dafür. Ich habe diese beiden Jahre durchgehalten, aber der Preis, den ich zahlte, war zu hoch. Ich wollte »ihnen« beweisen, dass ich es doch schaffen würde zu studieren und trieb mich zu schulischen Hochleistungen an, während ich in allen politischen Fragen nur auf Aufforderung etwas sagte, was »sie« gerade noch durchgehen ließen.

Ich bin 1990 in einer Podiumsdiskussion gefragt worden, welche Entscheidung in meinem Leben ich gerne rückgängig machen würde. Und ich sagte, dass ich genau an diesem Punkt die falsche Entscheidung getroffen hätte. Ich hätte mit dem Abschluss der zehnten Klasse die Schule verlassen und einen anderen Weg wählen sollen, nicht den des Gerade-noch-so-Durchkommens, der mich letztlich in die Gruppe der braven Studenten einreihte und mich zu einer Anpassung zwang, unter der ich körperliche und psychische Symptome entwickelte. In einem bestimmten Moment wäre ich fast ausgestiegen, aber alle, die ich schätzte, rieten mir dringend davon ab, und ich war nicht stark genug, meinen wirklichen Gefühlen zu trauen und strikt den Weg zu gehen, den mir diese Gefühle wiesen. Ich war auch deswegen nicht stark genug, weil ich die Polarisierung in »ich« und »sie« noch nicht wirklich glauben und annehmen konnte. Ich dachte noch immer, dass wir auf der gleichen Seite stünden, »sie« nur eine andere, allerdings ziemlich widerliche Art hätten. Hier schlug wieder das Argument durch, dass sie doch auf jeden Fall Antifaschisten seien, denen man niemals in den Rücken fallen dürfe.

Im Juli 1968 machte ich Urlaub bei einer Freundin meiner Eltern in Prag, deren Sohn mein späterer Ehemann werden sollte. Ich erlebte die inspirierende und kreative Atmosphäre in den Straßen von Prag, die Schlangen an den Zeitungskiosken und wie sich eine Gruppe tschechischer Intellektueller vor Lachen ausschüttete, als sie Ulbrichts Kommentare zur Lage im Radio hörten. Ende Juli fuhr ich mit dem Gefühl zurück, dass diese Veränderungen nun auch bald in der DDR greifen würden. Ich war frisch verliebt, das Leben lag vor mir und die aufregendsten Dinge standen bevor.

Wahrscheinlich standen die Panzer in diesen Tagen schon bereit.

Die Okkupation der CSSR war für mich eine unvorstellbare, eine zutiefst verabscheuenswerte Tat, und eigentlich machte sie die Polarisierung (»ich« und »sie«) überdeutlich. Trotzdem hat sie die so tief in mich gesenkte Loyalität mit der DDR noch nicht so weit infrage gestellt, dass ich daran gedacht hätte, dieses Land zu verlassen. Der Bruch mit den »Herrschenden« war zwar vollzogen und es war von nun an für mich selbstverständlich, kein irgendwie geartetes Amt zu übernehmen noch irgendeiner politischen Partei beizutreten, aber die »Märtyrerin« war mir eben auch ins Herz gesenkt, und die meinte nun, durchhalten und in mühseliger Aufrichtigkeit ihren individuellen Weg gehen zu müssen. Wichtig scheint mir, dass die Loyalität zur DDR, die uns ja nun wirklich eingehämmert wurde (noch bei Beginn meiner Arbeit in der Nervenklinik wurde ich gefragt, wie ich denn gedenke, meinem Staat für mein absolviertes Studium zu danken), dass diese Loyalität irrationale, fast könnte ich sagen mystische Dimensionen, hatte. Irgendwie haben die platten, uns übergestülpten Muster doch bis in die Tiefe, ins Unbewusste gewirkt. Nicht umsonst hieß die Mauer »antifaschistischer Schutzwall«. Ich glaube, dass die Leiden, welche die herrschenden Antifaschisten in der Zeit des Nationalsozialismus hatten erdulden müssen, einen solchen Widerhall in mir fanden, dass ich meinte, diesen Staat niemals verlassen zu dürfen, obwohl ich ihm als eine zeitweise sogar »konspirativ arbeitende« Oppositionelle unversöhnlich gegenüberstand. Erst jetzt wird mir bewusst, dass sich meine Loyalität zur DDR tatsächlich auf die tief gefühlte Solidarität mit den Opfern des Faschismus gegründet hat, auf das Erleben einer Art Erbschuld, die ich wenigstens damit abzutragen versuchte, dass ich die Überlebenden nicht verließ. Im Unbewussten hat Erbschuld oft auch etwas mit »Inzest« zu tun, und entsprechend erlebe ich rückblickend manchmal die DDR als ein amorphes, inzestuös gebundenes Gebilde, das sich einmauern musste, um in diesem Zustand bleiben zu können.

Bei mir jedenfalls hat die quasi inzestuöse Gebundenheit sehr lange funktioniert, auch weil ich dann durch vielerlei Privilegien nicht das nackte Gesicht oder die grobe Faust dieses Machtapparates zu sehen oder zu spüren bekam und ihm auch mehr oder weniger bewusst tunlichst ausgewichen bin. Im Grunde habe ich das erst in der Nacht vom 7. zum 8. Oktober 1989 begriffen, die ich strammstehend mit dem Gesicht zur Wand verbrachte, hinter mir die Schäferhunde und die schlagenden Polizisten. Wirklich erst da ist der letzte Hauch Loyalität aus meinem Körper gewichen.

Oder doch nicht? Warum war mir in der Nacht des 3. Oktober 1990, dem Tag der deutschen Einheit, so schrecklich kotzübel? War es die Spannung zwischen der alten Loyalität und dem Widerstand dagegen? Bis in die Körperfasern waren eine Art von moralischer Treue und ein Wachsystem darüber installiert.

So sehr ich die jugendlichen Schläger verurteile und verabscheue, so kann ich doch als Psychologin sehen, wie da Jugendliche um sich schlagen, die sich aus staats-inzestuösen Bindungen entlassen fühlen, aber nichts anderes kennen, mit den neuen Freiheiten nichts anfangen können und die Reflexionsmöglichkeiten weder haben noch geboten bekommen, die ihnen helfen würden, ihre eigenen Gefühle zu verstehen. Sie weisen die nachfaschistischen, verdeckt sadistischen und übermoralischen Erziehungsideale ihrer Eltern antimoralisch und sadistisch zurück. Ihre Kultband, die »Böhsen Onkelz«, singt die Hymnen des Bösen und gleichzeitig Zeilen wie: »Wer schützt mich vor dir, wer schützt mich vor mir, wer schützt mich vor dem Bösen in uns, wenn es eskaliert.« Ich kann mir nicht vorstellen, dass dieser »Schutz« nur darin bestehen kann, sie ihrerseits zusammenzuschlagen und in die Gefängnisse zu stecken, obwohl dieser Schutz für alle Bedrohten und für uns selbstverständlich notwendig ist. In der öffentlichen Diskussion fehlen mir die Fragen, welche die Eltern und Lehrer sich zu stellen hätten: Was haben wir mit unseren Kindern gemacht? Was für ein Werte- und Moralvakuum haben wir anscheinend mit unserer Erziehung installiert, in das sich jetzt neofaschistische Ideen so leicht gießen lassen?

Ich denke in diesem Punkt strikt psychoanalytisch: Nur was durchgearbeitet und verstanden worden ist, kann sich dem Wiederholungszwang entziehen. Oder wollen wir etwa doch nur die Polarisierungen der Weimarer Republik wiederholen und nur noch schlagende Argumente gelten lassen?

Am Tag, als ich nach den Anpassungsqualen der Schulzeit doch zum Studium der Psychologie zugelassen wurde, 1970, schenkte mir meine Mutter einen Band mit Gedichten von Boris Pasternak mit dem besonderen Hinweis auf diese Strophen:

> Das eigene Ich nur darf man leben,
> So leben, daß man unverwehrt
> Erringt des Universums Liebe,
> Daß man den Ruf der Zukunft hört.
> [...]
> Du weiche nicht um Haaresbreite
> von Deinem Ich im Herzen ab,
> Du mußt lebendig bleiben, leben,
> Mußt leben, leben bis ans Grab.

Was für eine Zumutung, dass ich, nachdem ich gerade mein Ich so hatte beugen und verbiegen müssen, um überhaupt studieren zu können, mit diesem Anspruch konfrontiert wurde! Und doch habe ich diese Zeile oft vor mich hingemurmelt: »Du weiche nicht um Haaresbreite«, stärkte sie doch auch die widerständige Seite in mir und untermauerte meinen schon verfestigten moralischen Rigorismus. Sie hat mir bestimmt manchmal geholfen, bei mir selbst zu bleiben und an den richtigen Stellen standzuhalten – aber sie hat mir auch den Weg abgeschnitten zu Flexibilität, Weichheit und Leichtigkeit und zu den einfachen Freuden von Genuss und Leichtsinn. Was um Gottes Willen soll das auch heißen, nicht um Haaresbreite von seinem Ich abzuweichen? Kann das nicht auch das Bild für die Unlebendigkeit einer Salzsäule sein, die in Selbstgerechtigkeit erstarrt ist?

Es wäre mir lieb gewesen, vor Gericht nicht nur einen in seiner Ideologie erstarrten Erich Honecker erleben zu müssen. Ich hätte gern einen alten Mann gesehen, der über sein Leben zu reflektieren vermag, der zu seinen Prägungen und seinem früheren Mut steht – wie auch zu seinen Fehlern und den Konsequenzen seiner politischen Entscheidungen. Dieser Wunsch ist nicht in Erfüllung gegangen. Weder war Erich Honecker dazu in der Lage, noch sind die Umstände des deutschen Vereinigungsprozesses so, dass es zu einem Nachdenken in Würde und Anstand über ein so exemplarisches deutsches Leben hätte kommen können.

Januar 1993

East goes West

Meine frühesten Erinnerungen an den Westen reichen ins dritte und vierte Lebensjahr, also in die Jahre 1955 und 1956. Meine Eltern und ich lebten damals in Ostberlin. Bei uns lebte Tante Grete, die Schwester meines Großvaters, die die Aufgabe hatte, mich zu betreuen. Tante Grete war die einzige Person unserer kleinen Familie, die des Öfteren in den Westen, d.h. in das so nahe Westberlin fuhr. Sie war von der Ideologie, die meine Eltern im Osten festband, weit entfernt. Sie machte im Westen Besuche und brachte mir jedes Mal etwas mit: Meist Schokolade und einmal einen wunderschönen schwarzen Plüschkater, den sie bei einer Tombola gewonnen hatte. Sie hielt sich aber streng an das Gebot meiner Eltern, mich nicht in die andere Stadthälfte mitzunehmen. Wenn ich mich richtig erinnere, habe ich sie auch nie darum gebeten.

Von heute aus erscheint es mir absurd, dass meine Eltern Westberlin wirklich so gut wie nie betreten haben. Nur einmal ging meine Mutter als Wahlhelferin für die in Westberlin erlaubte SEW[1] doch »rüber«. Sie verteilte

1 Sozialistische Einheitspartei Westberlins, gleichzusetzen mit der SED.

Flugblätter, ohne dass ihre Auftraggeber ihr gesagt hätten, dass sie dafür eine Genehmigung der Westberliner Behörden gebraucht hätte. So wurde sie von einem Westberliner Polizisten verhaftet und saß tatsächlich für ein paar Tage in Moabit im Gefängnis ein. Sie hat mir die Geschichte erst viel später erzählt: Wie der dortige Vernehmer ob ihres trotzigen und ideologisch gefestigten Auftretens sich umwandte und auf eine große Landkarte der Sowjetunion in seinem Rücken deutete. Auf dieser Landkarte waren mit roten Fähnchen die Standorte der stalinistischen Lager markiert. Meine Mutter wurde angesichts dieser für sie völlig unvorstellbaren und scheinbar so eindeutigen »Feindpropaganda«, das war wohl im Jahr 1955, nur noch trotziger.

Wenn wir meine Großeltern in der Nähe von Potsdam besuchten, fuhren wir mit der S-Bahn durch Westberlin. Ich kann mich nicht erinnern, wie es durch die Scheiben auf mich wirkte. Ich erinnere mich aber genau, wie in Wannsee die Volkspolizei zustieg und die Ausweise kontrollierte. Das Kind nahm dies als lästige Selbstverständlichkeit hin, in der aber ein untergründiges Gefühl von Bedrohung mitschwang. Irgendetwas musste ja in dieser nicht-betretbaren Zwischenstadt hausen, etwas nicht zu benennendes Böses musste da lauern, was diesen Aufwand an Staatsmacht notwendig machte. Das Kind muss fantasiert haben, dass allein das Durchfahren dieser verbotenen Stadt eine Gefahr darstellte, die hinterher durch die Polizei kontrolliert und gebannt werden musste.

Vor zwei Jahren sagte ein westdeutscher Kollege über eine Ostdeutsche, die in einer westdeutschen Stadt an einer Podiumsdiskussion teilnahm:

»Sie bewegt sich ja immer noch wie im Feindesland.« Ich auch, dachte ich, und damals hat es angefangen.

Andererseits kamen aus dem Feindesland auch die

gute Schokolade und die Geschenke von Tante Grete und es wohnten dieser Seite anscheinend auch noch andere positive magische Kräfte inne: Tante Grete erwirkte, dass ich zur Heilung meines Keuchhustens mit ihr auf den Westberliner Funkturm fahren durfte. Dabei ging es eigentlich um die Höhe und nicht den Standort dieses Turmes. Aber in meiner kindlichen Seele brachte ich dies offensichtlich durcheinander. Ich weiß noch meine Aufregung an diesem Tag, sehe noch den Fahrstuhl hoch zur Plattform. Der Keuchhusten war danach selbstverständlich nicht weg, eine dem Westen zugeschriebene Wirksamkeit trat nicht ein.

Es sollte sogar noch schlimmer kommen. Tante Grete blieb von einem Tag auf den anderen in Westberlin und kam nicht mehr zurück. Sie verließ den Osten und damit auch das Kind ohne ein Wort des Abschieds. In dem Haus in Karlshorst, in dem wir damals wohnten, fassten sowohl die Mitbewohner im unteren Stock als auch die des Gartenhauses den gleichen Entschluss. Ebenfalls über Nacht standen ihre Wohnungen – noch mit allen Möbeln darin – leer. Die Polizei kam und versiegelte sie. Die Bewohner des Gartenhauses hatten einen märchenhaft großen roten Ball zurückgelassen, den ein Polizist mir schenkte. Ich konnte es nicht fassen: Was mochte Menschen dazu bewegen, so plötzlich davonzugehen und selbst so etwas Wunderbares wie diesen Ball nicht mitzunehmen? Damals muss sich in mir dieses merkwürdige, höchst ambivalente Bild vom Westen ausgeprägt haben: Eine sehr wirksame, geheimnisvolle Macht, die Menschen dazu bringt, andere Menschen zu verlassen. Ein verführerisches Etwas, das man unter Kontrolle halten muss. Das Anziehende, von dem man sich aber keinesfalls verführen lassen darf, weil dahinter das Böse lauert: z. B. Treulosigkeit oder auch waghalsiges Davonstürzen.

Als ich sieben Jahre alt war, zogen wir nach Halle und

dort war die unmittelbare Konfrontation mit dem Westen viel geringer. Das Einzige, an das ich mich aus dieser Zeit erinnere, ist die beginnende ideologische Beeinflussung in der Schule, die uns weismachte, alle Kriegstreiber und Faschisten hätten ihren Wohnsitz im Westen des Landes. Ob Tante Grete eine Kriegstreiberin war? Auf jeden Fall hatte sie mich böswillig verlassen. Als sie später äußerst selten zu Besuch kam, wollte sie immer unsere Margarine kosten, ob die auch – wie im Westen – genauso wie Butter schmeckte. Nur der Westen konnte aus dieser mir so zugewandten Frau diese kleinbürgerliche Spießerin gemacht haben, die mit einem Ausdruck von Ekel auf dem Gesicht unsere »Sahna« – immerhin das Beste, was wir hatten – auf der Zunge zergehen ließ.

Ansonsten hatte ich keinen lebendigen Kontakt zu wirklichen Westmenschen. Das lag auch daran, dass meine Großmutter mit dem Teil ihrer Familie, den es nach dem Krieg in den Westen verschlagen hatte, zerstritten war. Wir bekamen also keine Westpakete und auch sonst gab es nichts, woran ich meine frühen Eindrücke hätte überprüfen oder verändern können.

1961 war ich neun Jahre alt und der 13. August ist an mir ohne die Spur einer Erinnerung vorbeigegangen. Er brachte scheinbar in mein damaliges Leben keinerlei Einschnitt oder Veränderung. Aber 1962 zogen wir nach Kleinmachnow bei Berlin und kamen so in einen Ort, der durch dieses Ereignis außerordentlich geprägt und bestraft war. In Kleinmachnow stieß man an jeder Ecke an die Mauer und jede Fahrt nach Ostberlin war ein umständliches um Westberlin-Drumherumfahren. Ich hörte die verbitterten Äußerungen der Leute, die schon alle Sachen bereitgelegt hatten, um zu gehen und nun gezwungen worden waren, in dieser ungeliebten DDR zu bleiben. Dies bestätigte mir eher die Wichtigkeit der Mauer: Es konnten doch schließlich nicht alle weggehen! Meine Eltern und ihre Freunde sahen die Mauer als Chance, nun innerhalb der DDR mehr Selbstbewusstsein und ein liberaleres Umgehen mit den inneren Widersprüchen befördern zu können. Als ob ein System, das diese Außenabschottung nötig hatte, nach innen Offenheit, Elastizität und Flexibilität entwickeln würde. Die Verzerrungen der Wahrnehmung, die Ausblendung von Realität, die der kalte Krieg für die Menschen auf beiden Seiten brachte, sind von heute aus kaum nachzuvollziehen.

Ich nahm die Mauer als eine unverrückbare Tatsache hin und auch der Umstand, dass ich meine Freundin, die im Grenzgebiet wohnte, eigentlich erst nach Antrag hätte besuchen dürfen, regte mich nicht zu tieferem Nachdenken an. Ich sauste mit meinem Fahrrad an den Grenzern vorbei, die mich nie anhielten.

Wenn man inmitten von Ungeheuerlichkeiten aufwächst, welche die meisten Menschen, die für einen maßgeblich sind, nicht für ungeheuerlich halten, richtet man arglos und unbedacht sein Leben damit ein.

In Kleinmachnow konnten wir natürlich auch Westsender empfangen und Westfernsehen sehen. Ich sah bis in die Pubertät hinein besonders gerne die Vorabendserien. Ist eigentlich schon mal untersucht worden, welche Auswirkungen es hat, in einem Land zu leben, aber ständig und unablässig von den Medien des anderen Landes begleitet zu sein? Ich hörte seit der Pubertät täglich die Musiksendungen im Rias und im SFB, hörte dabei auch die Veranstaltungstipps, was an diesem Abend in der »Eierschale« oder im »Quartier Latin« zu hören sein würde usw. Ich sollte diese mystischen Orte erst 20 Jahre später in der Realität sehen können und hatte mir natürlich eine grundlegend andere Vorstellung von ihnen gebildet. Nebenbei bekam man auch die Verkehrsmeldungen mit und so hörte ich von

Sperrungen des Ernst-Reuter-Platzes oder Staus in der Sonnenallee, ohne die geringste Möglichkeit, mir diese Örtlichkeiten selbst einmal anzusehen. Ich habe auch nicht versucht, sie mir auf Karten anzugucken, mir eine innere Topografie von Westberlin zu bilden. Bekanntlich ließen die DDR-Karten den Westen weiß, aber ich hätte natürlich an andere Karten herankommen können. Ich hielt dies für absolut sinnlos, weil ich sowieso nie dahin kommen würde. Nie werde ich vergessen, wie ich 1986 mit meinem damals siebenjährigen Sohn auf den Ostberliner Fernsehturm stieg. Ich zeigte ihm von dort oben den Verlauf der Mauer durch Berlin, der nur von dort oben so eindrücklich zu verfolgen war. »Aber hinter der Mauer ist ja eine richtige Stadt!« – rief mein Sohn, der bis dahin anscheinend die Vorstellung hatte, dass hinter der Mauer nichts sei, bzw. von einer weißen Fläche ausgegangen war. Von hier oben konnte man deutlich sehen, wie weit sie sich hinter der Mauer erstreckte. Er zeigte mir damit, welches Bild ich ihm bisher von der anderen Stadthälfte vermittelt hatte. Ich erschrak tief. Während für mich der Westen immerhin noch ein Ort der Fantasien und Projektionen war, war er für ihn bis dahin einfach ein Nichts, eine Leerstelle, unbetretbares Land, weiß wie ein nicht benutztes Laken.

Und dies, obwohl ich zu diesem Zeitpunkt schon mehrmals im Westen gewesen war. Das erste Mal 1980, also mit 28 Jahren. Bei dieser ersten Reise wurde ich unbewusst von den schon geschilderten Prägungen begleitet und von einer ungeheuren inneren Spannung ob der Einmaligkeit und des Privilegs dieser Reise. Heute weiß ich, dass sie unter dem inneren Motto »Nicht verführen lassen!« ablief. Mich beeindruckten im Westen besonders sinnlich-ästhetische Dinge: Die Gerüche und die Farben, die verschiedensten Gerichte, die Freundlichkeit in den Restaurants. Gleichzeitig sagte ich mir: Ja, das ist die

Verpackung des ausbeuterischen Systems – fall nicht darauf herein!

1984 ging meine beste Freundin nach Westberlin – ich fühlte mich erneut verlassen. Durch ihre Briefe bekam ich dann einen ganz neuen Zugang zum anderen Teil der Stadt. An ihr konnte ich den Prozess schon miterleben, in dem ich mich dann seit 1989 selbst befand. War dies ein Lernprozess?

Ich war auf die andere Gesellschaft durch diese Freundin und West-Freunde sowie durch das Privileg einiger kurzer West-Reisen schon vor dem Mauerfall ungewöhnlich gut vorbereitet. Aber selbst innerhalb neuer Strukturen leben zu sollen, ist etwas ganz anderes. Und meine Reaktion darauf war zunächst nicht unbedingt ein Lernprozess. Es war eher etwas wie Wahrnehmen – Bewerten – Auswählen, was ich mir in dieser anderen Gesellschaft aneignen musste, weil mir nichts anderes übrig blieb (von der Auswahl einer Margarine, die sich auch zum Braten eignet wie unsere alte »Marina« – bis zur Abfassung einer Steuererklärung und vor allem eines Gutachtens für die Krankenkasse, sodass ich auch psychotische Patienten psychotherapeutisch behandeln kann). Eine Auswahl, was ich mir aneignen möchte (fachliche Weiterbildungsmöglichkeiten, Kultur usw.) und was ich sein lassen kann oder unbedingt sein lassen werde (Teilnahme an Talk-Shows zum Beispiel). Es war also ein Bewertungs- und Auswahlverfahren, das die in der DDR gewachsene Person vornahm und das vom trotzigen Widerstand (jede neu auftauchende Werbetafel empfand ich als eine Zumutung) bis zum vorsichtigen Annehmen bei klarer Abgrenzung in bestimmten Bereichen reichte.

Daneben und eigentlich spannender erlebte ich die Herausforderung durch das Andere und Fremde. Da war die Wirkung, die der Blick des Anderen, der Blick des Westlers auf mich hatte. In vielfältigen Begegnungen vor allem mit Fachkollegen habe ich diesen Blick auf mich wirken lassen und es hat mir einiges sehr deutlich gemacht, hat mich auch verändert: Beispielsweise wurde mir nachhaltig klar, in wie viel größerem Ausmaß, als mir bewusst war, ich durch die moralischen Kategorien der antifaschistischen Erziehung geprägt worden bin. Und dass ich, obwohl ich mich seit 1968 als Oppositionelle begriff, diesen moralischen DDR-Rigorismus weit tiefer verinnerlicht hatte, als ich glaubte. Wie bestimmte Erziehungsmuster, von denen ich mich schon abgelöst glaubte, doch bis heute wirken (»Feindesland«, Verführung durch den Westen). Bei Uwe Johnson, der mir wie kein Zweiter in diesem neuen Deutschland fehlt, hätte ich schon 1975 einiges über diese wunderliche, »personenähnliche Größe« der DDR-Loyalität nachlesen können.

Dies war also ein individueller Lernprozess in persönlichen Begegnungen, mit Westlern »meiner Wahl« und zu Bedingungen, die ich mir selbst ausgesucht hatte: Die Chance, mich neu und von außen zu sehen, mein Leben in einen anderen Bezugsrahmen zu setzen, das alles wirkte auch befreiend. Mir wurde erstmals die infantilisierende Einschnürung durch die DDR, in der ich mich einigermaßen eingerichtet hatte, richtig bewusst. Und ich spürte sehr viel Trauer in mir aufsteigen über die verloren gegangene Lebenszeit, in der wichtige Seiten und Fähigkeiten von mir brachliegen mussten. Rückblickend habe ich ein Gefühl zur DDR wie ich es aus sehr intensiven, aber letztlich beschädigenden Beziehungen kenne, wenn man sich hinterher wundert, wie man es so lange hat aushalten können und sich gleichzeitig freut, noch mit einigermaßen heiler Haut davongekommen zu sein.

Diese Einschätzung mag viele Ostler befremden, gar verletzen. Zur Möglichkeit des Lernens gehören bestimmte Bedingungen, die viele nicht haben. Es sind dies nicht nur die sehr gravierenden sozioökonomischen

Bedingungen, sondern auch psychische. Es lernt sich schlecht, wenn man mühsam um den Erhalt seiner Selbstachtung ringen muss und den äußeren wie inneren Entwertungen zu widerstehen hat. Die Ostler haben sich mit Schuld und Scham auseinanderzusetzen, und wenn man sich schämt, schlägt man lieber die Hände vors Gesicht, als sich vor einen Spiegel zu setzen oder sich gar im Auge eines Westlers zu spiegeln.

Lernen geht auch leichter, wenn es sich in einem partnerschaftlichen Bezugsrahmen vollzieht bzw. man das Gefühl hat, dass der Andere auch lernen möchte. Ich habe in einer kleinen Tagungsrunde Westlern die Frage gestellt, was denn in ihnen durch unser Dazukommen ausgelöst worden sei. Es herrschte sehr langes Schweigen und dann fiel einem nur Verkehrsminister Krause ein, als ein Sinnbild für den Primitivismus aus dem Osten. Nur bei einem Schweizer, der auch anwesend war, purzelten die Einfälle zu diesem Thema nur so.

In einem gemeinsamen Forschungsprojekt mit Eva Jaeggi befragten wir Westkollegen über ihre Gefühle beim Fall der Mauer. Das reichte von: »Eine reife Gesellschaft wird von Primitiven überschwemmt« über die Wut wegen des Teilen-Müssens zu dem Bewusstsein über den Unwert des Intellektuellen, der ja auch wie im Osten abgewickelt werden könnte, also Angst.

Dem Blick des Anderen, den wir zu bieten haben, wird aber ausgewichen bzw. er wird in Schubladen geschoben (»in der Postmoderne noch nicht angekommen« usw.), um ihn dort vergessen zu können. Warum das so ist, wäre ein Gegenstand der Diskussion. Ich denke, dass es auch etwas mit Scham zu tun hat, Scham darüber, uns so lange vergessen zu haben und mittlerweile so reich geworden zu sein.

Es gibt Dinge, die ich von Westlern lernen kann. Zugleich sind diese Dinge aber auch mit unserem Neid besetzt, weil wir sie in unserem Eingeschlossensein nicht erwerben konnten: Weltoffenheit, Weitläufigkeit, Risikobereitschaft, die Fähigkeit, Geborgenheit für andere Werte aufgeben zu können, das Vertrauen in die eigenen Fähigkeiten, Flexibilität. Und – dass der Kapitalismus trotz des Leistungsdrucks und der Konkurrenz oder gerade deswegen auch Leichtigkeit und Freundlichkeit produziert, die ich besonders in Restaurants und Geschäften ausgesprochen genieße.

Was Westler von Ostlern lernen könnten: Den Umgang mit Zeit (sich Zeit nehmen, die Entdeckung der Langsamkeit), die hohe Wertigkeit von Freundschaften, die nichts mit beruflichen Aktivitäten oder besonderen Projekten zu tun haben – sozusagen Freundschaften an sich sind; die wohltuende Zurückhaltung in der Selbstdarstellung (Wenn der Ostler von sich spricht, hat er meist den anderen im Blick. Die Marktwirtschaft bringt hingegen einen Westler hervor, der über sich wie über einen Markenartikel spricht, den er anpreisen und verkaufen will). Wir Ostler haben außerdem noch eine ganz wesentliche Erfahrung, besonders für resignierte westliche Linke, einzubringen: Es bleibt nichts wie es ist, Verhältnisse können sich von einem Tag auf den anderen ändern.

Oktober 1993

»... dass die Mauern im Osten besser halten« – Nachdenken über ostdeutsche Identität

Ich beginne mein Nachdenken mit dem Text eines Songs, der im Sommer 2001, besonders in den neuen Bundesländern, die Hitlisten eroberte. Der Text wurde von Kai Niemann aus Thüringen gedichtet und heißt *Im Osten*:

die eingefleischten kenner wissen
dass die männer im osten besser küssen
dass die mädchen im osten schöner sind
weiß heutzutage jedes kind
dass die mauern im osten besser halten
dass die meisten hier
meistens etwas schneller schalten
dass eigentlich fast alles etwas besser ist
als im westen
[...]
jeder weiß dass die sonne im osten erwacht
und um den westen meistens
einen großen bogen macht
dass der wind von osten meistens
etwas frischer weht
und dass die semperoper nicht in düsseldorf steht

dass selbst martin luther auch schon ein ossi war
und dass im osten überhaupt alles wunderbar

Der Refrain dieses Songs, dessen literarische Qualität sich in Grenzen hält, lautet:

trotzdem sind wir viel zu bescheiden
trotzdem kann uns immer noch nicht jeder leiden
wir sind viel zu bescheiden
dass wir irgendwann die sieger sind lässt sich nicht vermeiden

Dagegengesetzt möchte ich Ihnen eine persönliche Erinnerung aus dem Jahr 1975 erzählen. In diesem Jahr war ich in einen Neubaublock in einem Ostberliner Stadtbezirk gezogen. In diesem Block wohnten, wie wir dann feststellen mussten, relativ viele Angehörige staatlicher Organe wie z.B. vom Zoll, von einigen anderen Behörden, wahrscheinlich auch einige untergeordnete hauptamtliche Mitarbeiter der Staatssicherheit. Es nahte der 7. Oktober, der »Tag der Republik«, wie er genannt wurde – am 7. Oktober 1949 war die DDR gegründet worden. Alle, aber wirklich alle Mietparteien meines Wohnblocks hingen die DDR-Fahne bereits Tage davor an einer schon beim Bau besonders dafür vorgesehenen Halterung aus dem Fenster, so anzeigend, dass sie sich mit diesem Staat in Übereinstimmung befanden. Ich hängte keine Fahne heraus, einmal, weil ich selbst, als ich noch eher an die DDR geglaubt hatte, dies schon immer zu vordergründig fand, zum anderen war meine Loyalität zu diesem Staat 1975 bereits so gering, dass ich auf keinen Fall seine Fahne aus meinem Fenster hätte zeigen können. Daraufhin bekam ich Besuch vom Leiter meiner Hausgemeinschaft, der mich dringend darum bat, doch die Fahne herauszuhängen, weil sonst das »einheitliche

Bild des Hauses« gestört würde. Ich wies ihn darauf hin, dass ich überhaupt keine Fahne besäße und das in dem Stadtbezirk, in dem ich vorher gewohnt hatte, es eher aufgefallen wäre, wenn jemand zu diesem Anlass eine Fahne gezeigt hätte. Daraufhin schlug er vor, dass die Hausgemeinschaft zusammenlegen würde, um mir eine DDR-Fahne zu kaufen. Ich merkte, wie ich unter Druck geriet und beschloss, mir selbst eine rote Fahne, die Fahne der Arbeiterbewegung zu kaufen, gegen die sich niemand trauen würde, ideologische Einwände zu erheben. So hing an unserem achtstöckigen Haus aus jedem Fenster eine DDR-Fahne, nur aus meinem leuchtete eine rote. Völlig ausgeschlossen wegen der politischen Provokation wäre gewesen, die schwarz-rot-goldene Fahne ohne Emblem, also die Fahne der Bundesrepublik Deutschland hinauszuhängen. Aber ich hätte auch nicht im Traum daran gedacht. Auf meine rote Kompromissbildung war ich einerseits stolz, andererseits schäme ich mich bis heute dafür, weil ich mich dem Druck doch gebeugt hatte. Die rote Fahne gehörte genauso wenig zu meiner persönlichen Identität wie die Fahne der DDR. Die Scham bestand darin, wissentlich von einem inneren Gefühl der Wahrhaftigkeit, einem eigenen unverzichtbaren inneren Maßstab abgewichen zu sein.

Ostdeutsche Identität – zwischen ironisch übertriebenem Stolz und selten erzählter Scham?

Die Gedanken von Vamik Volkan waren mir bei meinem Nachdenken über deutsche und ostdeutsche Großgruppenidentität sehr hilfreich und ich werde mich im Folgenden mehrfach auf ihn beziehen (vgl. Volkan 1999).

Das ethnische Zelt, in dem wir Deutsche alle sitzen, ist das deutsche, unter diesem Zeltdach wurden seit dem Ende des 2. Weltkrieges – wie auch schon Irene Misselwitz konstatiert hat (vgl. Misselwitz 2002) – zwei kleinere Zelte aufgeschlagen, das der Westdeutschen und das der Ostdeutschen. Eine Mauer zwischen den Zelten erschwerte den Kontakt, machte ihn fast unmöglich. Die Ostdeutschen blickten aus ihrem kleineren Zelt sehr oft über die Medien und anderweitig auf die Westdeutschen; die Westdeutschen sahen nur selten herüber, ihr Blick war dem Osten abgewandt. Die lange getrennten Großgruppen sind immer noch nicht wieder gemeinsam unter einem Dach, sondern sitzen mehr oder weniger geschlossen in ihren geschichtlich begründeten Zelten, an die sie gewohnt sind.

Der Zivilisationsbruch des deutschen Nationalsozialismus, die völlige Niederlage Deutschlands im Zweiten Weltkrieg mit dem gleichzeitigen Bewusstwerden der ausgeübten Verbrechen haben die deutsche Identität zunächst aufs Schwerste beschädigt. Es war einfach nicht mehr möglich, stolz darauf zu sein, dem deutschen Volk anzugehören. Die kulturelle und nationale Selbstachtung und damit die deutsche Identität erlitten einen tiefen Bruch. Die in der DDR nach 1945 in die Macht eingesetzten Politiker waren zum Teil erwiesenermaßen antifaschistisch oder reklamierten dies für sich. Sie schufen den Mythos, dass die DDR gewissermaßen aus dem Antifaschismus geboren sei. Diese Sage entfaltete eine ungeheuer starke Wirkung – bis in die einzelne Familie hinein – weil sie umfassende Schuldentlastung von den deutschen Verbrechen bot. Die Identifikation mit den Antifaschisten und später auch mit der DDR bot den ungeheuren Vorteil, nun scheinbar auf der richtigen deutschen Seite zu stehen, auf der Seite des Widerstands und damit der Opfer. Alles, was aber nach 1945 an psychischen Dispositionen, an Anfälligkeit für Unterordnung, an autoritärem Denken, Verachtung des Fremden und Schwachen weiter internalisiert war, wurde außer in der Kunst und Literatur nicht öffentlich bearbeitet. In den Institutionen und in den Familien gab es das gleiche Schweigen wie im Westen. Es wurde so zugedeckt, was denn vor 1945 konkret an einer bestimmten Universität oder in einem bestimmten Krankenhaus oder in dieser oder jener Familie geschehen war.

Die ostdeutsche Großgruppe wurde von den russischen Siegern in eine Ideologie gezwungen. Wenn man diese Ideologie, die anfangs mit wirklichem Terror, später mit Diktatur einherging, diesen Doppelknoten aus Sozialismus und Antifaschismus annahm, konnte man sich scheinbar von Schuld befreien und aus der deutschen Identität lösen. Anfang der 70er Jahre versuchte die DDR, aus allen Bezeichnungen das Wort »deutsch« zu entfernen: Die deutsche Mark wurde zur Mark, die Strophe der DDR-Nationalhymne von Johannes R. Becher, die von »Deutschland einig Vaterland« sprach, sollte nicht mehr im Wortlaut gesungen, sondern nur noch mit Instrumenten intoniert werden. Im September 1974 wurde mit einer Verfassungsänderung die deutsche Nation abgeschafft. Es gab nun die »sozialistische DDR-Nation«.

Mit der Aufpfropfung der Ideologie ging auch eine Zuteilung der Traumata und Ruhmesblätter einher. Sie wurden den Ostdeutschen von außen und oben zugeteilt, geboren auch aus der Lebensgeschichte ihrer in Machtpositionen eingesetzten Führer wie Walter Ulbricht oder Erich Honecker, die beide in keiner Weise repräsentativ waren für die ostdeutsche Mehrheit. Ulbricht und Honecker kamen beide aus der Arbeiterklasse (Tischler und Dachdecker); sie waren schon vor 1933 Mitglieder der Kommunistischen Partei und waren dann im Widerstand gegen den Nationalsozialismus. Und so hatten wir dann nicht nur den 1. Mai, den Kampftag der Arbeiterklasse, oder den 8. Mai, den Tag der Befreiung vom Hitlerfaschismus. Wir hatten außerdem den Tag der Opfer des Faschismus am 11. September und natürlich den 7. Oktober, den Gründungstag der DDR, an dem die große Militärparade abgehalten wurde.

Dies waren aber nicht die Gedenk- oder Feiertage z.B. meiner Großeltern. Es waren die Tage ihrer Not und Verzweiflung, ihrer Niederlage und Scham und sie waren wie die Mehrheit der DDR-Bürger nicht Opfer des Faschismus, sondern kleine Mitläufer gewesen, die unter der Vertreibung aus ihrer brandenburgischen Heimat, die jetzt in Polen liegt, sehr litten. Als Kaufmannsleute hatten meine Großeltern an den Kämpfen der Arbeiterklasse nie teilgenommen. In mir ist leider damals die Frage gar nicht aufgetaucht, wie mein Großvater sich eigentlich fühlte, wenn er an einem 1. Mai in den Reihen seines Betriebes an den Lokalgrößen seiner Kleinstadt vorbeimarschierte.

Diese grandiosen Umdeutungen von Geschichte und Identität durch die russischen Sieger und die neuen Machthaber wurden von meinen Großeltern nur teilweise, von meinen Eltern und später von mir als einer Nachkriegsgeborenen schon mehr in die eigene Identität übernommen und wir hatten uns dann an ihr abzuarbeiten.

Das Problem ist, dass diese aufgepfropfte Identität einerseits angenommen wurde, es andererseits aber immer eine andere Unterströmung von realen Erfahrungen gab: von Erfahrungen, welche die Menschen in Krieg und Nachkrieg gemacht hatten und natürlich auch Erfahrungen mit der neu installierten Macht. Viele fühlten sich auf der benachteiligten deutschen Seite, in der DDR nicht am richtigen Platz. Immerhin haben von 1949–1961 ca. 2,7 Millionen Menschen die DDR verlassen, nach dem Mauerbau rund 800.000. Neben den offiziösen Geschichtsinterpretationen und -schilderungen gab es immer erlebte wirkliche und manchmal erzählte Geschichten, die nur nirgendwo öffentlich artikuliert werden konnten. Ich kann mich noch sehr gut an die 1963 beim gemeinsamen Abwaschen hervorgepressten Sätze meiner Großmutter erinnern: Ich solle kein Wort glauben über die guten Russen, sie seien brutal und ungerecht gewesen nach dem Krieg.

Und die Menschen trugen in sich neben den ihnen zugeteilten Traumen und Ruhmesblättern auch das Erlebnis neuer eigener Traumen und neuer eigener Heldengeschichten.

Ich möchte Ihnen nur schlaglichtartig einige dieser Ereignisse aufzählen: der 17. Juni 1953, das Jahr 1956 mit der Niederschlagung des Aufstandes in Ungarn, der Bau der Mauer am 13. August 1961, das Jahr 1968, die Ausbürgerung von Wolf Biermann 1976.

Diese Daten sind für die ostdeutsche Identität ganz entscheidende Kristallisationspunkte. Es sind immer Erfahrungen von Aufbegehren und diesem Aufbegehren auf den Fuß folgender Unterdrückung, also Erfahrungen von Ohnmacht. Auf zwei dieser Ereignisse möchte ich hier näher eingehen, weil sie auch mit den Westdeutschen zu tun haben, mit jeweils völlig unterschiedlich erlebten Ereignissen und ganz unterschiedlicher Verarbeitung:

Beim Volksaufstand am 17. Juni 1953 ging es vordergründig um die Forderung, die von der Regierung verhängten zehnprozentigen Normerhöhungen zurückzunehmen, dahinter standen aber ganz klar formulierte politische Forderungen, letztendlich nach Ablösung der SED-Herrschaft. In über 696 Ortschaften der DDR kam es zwischen dem 17. und 21. Juni zu Streiks oder andersartigen Protestaktionen, an denen 1–1,5 Millionen Menschen teilnahmen. Die sowjetische Besatzungsmacht verhängte über 167 Land- und Stadtkreise den Ausnahmezustand und nur durch ihren Einsatz konnte die Macht der SED-Führer gesichert werden. Die Sowjets zeichneten für 18 standrechtliche Erschießungen verantwortlich. Bei den Unruhen gab es aufseiten der Demonstranten nach verschiedenen Quellen 50–125 Tote. Ca. 7.700 Personen wurden verhaftet und es gab nachfolgende Schauprozesse mit teilweise absurd konstruierten Urteilsbegründungen (vgl. Kowalczuk 2000). Bis 1989 wurde in den Kaderakten erfasst, was jemand am 17. Juni gemacht hatte, auf welcher Seite er gestanden hatte. Deutlich und brutal wie nie zeigte sich hier die Spaltung der Gesellschaft in die durch das Volk nicht legitimierten Herrscher und die Beherrschten. Nur die nackte Gewalt hatte die Herrschenden an der Macht halten können, die den Aufstand als einen Akt von Westprovokateuren und als faschistischen Putsch uminterpretierten. »Die Ereignisse im Juni 1953 waren für eine gesamte Generation ein Schlüsselerlebnis [...]. Das Datum nahm mythische Dimensionen an« (Mitter/Wolle 1993, S. 161). Kowalczuk (2000): »Mentalitätsgeschichtlich grub sich ins kollektive Gedächtnis ein, daß jederzeit die SED mit allen Mitteln und vor allem mit Unterstützung der Besatzungsmacht jede oppositionelle Regung unterdrücken wird [...] und ihr ärgster Feind im eigenen Land steht: die Bevölkerung.«

Hier, ganz am Beginn war die Spaltung der DDR-Gesellschaft, durch die sie bis zu ihrem Ende gekennzeichnet war, für alle sichtbar. Und wie immer kehrt die Geschichte wieder: Im August 1989 fragte der Minister für Staatssicherheit Mielke seine versammelten Stasi-Generäle in der großen Dienstbesprechung: »Ist es so, daß morgen der 17. Juni ausbricht?« (Befehle und Lageberichte des MfS Januar-November 1989, S. 125)

Die Westdeutschen haben den 17. Juni als Tag der deutschen Einheit begangen und damit gewürdigt, dass wenn es nach dem Ziel der Demonstranten zu diesem Zeitpunkt zu freien Wahlen in der DDR gekommen wäre, die SED-Herrschaft vorbei und eine Vereinigung Deutschlands vielleicht nicht ganz ausgeschlossen gewesen wäre. (Angesichts des kalten Krieges meines Erachtens aber kaum vorstellbar.) Die Ostdeutschen hatten diese Kämpfe aber allein begonnen und hatten ihre Folgen auch allein zu tragen. So ist der 17. Juni das sichtbare Datum einer nicht geteilten Erfahrung.

Die Bewegungen, für die das Jahr 1968 steht, sind – so Heinz Bude (1995) – der Punkt, an dem sich die beiden Teile Deutschlands erst richtig auseinanderentwickelt hätten.

Dass die Alltagskultur der Westdeutschen im Jahr 1989 demokratischer, toleranter und weltoffener war als die der Ostdeutschen, haben diese zum einen ihren westlichen Besatzungsmächten und der durch Adenauer eingeleiteten Westintegration, zum anderen aber auch ihrer um 1968 rebellierenden Jugend zu verdanken. Diese 68er haben die demokratische Kultur der Bundesrepublik mehr geprägt als sie es selbst jetzt manchmal wahr haben will. Die 68er stellten die nationalsozialistische Ideologie und die Überhöhung solcher Tugenden wie Ordnung Fleiß und Gehorsam infrage wie auch das nationale Deutschtum. Sie begannen, wie wir alle wissen, die Generationsauseinandersetzung mit den Eltern und in den Institutionen. Sie lebten das »ganz andere« in der Erziehung, in der Sexualität, im Hinterfragen der Geschlechterrollen. (Dass sie dabei oft überzogen agierten und ihre unbewusste Identifizierung mit den Täter-Eltern nicht klären konnten, steht auf einem anderen Blatt.)

Eine ähnliche Kulturrevolution hat es in der DDR nicht gegeben, weil sie mit allen zur Verfügung stehenden Repressionsmitteln unterdrückt wurde (vgl. Simon/Faktor 2000). Obwohl dieser Geist in dieser Ostgeneration genauso zu finden war und über die Medien aller Art zu uns herüberschwappte, inspirierte er nur eine Minderheit, die ständigen Verfolgungen ausgesetzt war. Der DDR-Alltag war geprägt vom Fortwirken und der ständigen Neukonsolidierung autoritärer hierarchischer

Strukturen und vom Versuch der einzelnen Bürger, sich damit irgendwie zu arrangieren.

Denken Sie an das Fahnenbeispiel zu Beginn meines Vortrages: Der Hausgemeinschaftsleiter war gewissermaßen die Wiedergeburt des Blockwartes aus der Nazizeit. Er konnte mich dazu auffordern, die Fahne herauszuhängen, auch deswegen, weil hinter ihm eine mentalitätsgeschichtlich nicht gebrochene Macht und Angstausübung stand. In der Nazizeit konnte die vom Blockwart gemeldete Unbotmäßigkeit zu einem KZ-Aufenthalt führen. In der DDR des Jahres 1975 wäre mir überhaupt nichts passiert, wenn ich die Fahne nicht herausgehängt hätte, wie ich es dann auch später nicht mehr tat. Ich gab dem sozialen Druck nach, weil ich zu viel Angst hatte, damit einher ging aber auch Scham ob meiner Unterwürfigkeit. Dass ich so ein Übermaß an Angst hatte, hing auch damit zusammen, dass im gesellschaftlichen Unbewussten der DDR-Bürger die alte Unterwürfigkeit und Angst aus der Nazizeit und die Angst aus dem Terror des Beginns der DDR ungebrochen präsent und andere Erfahrungen zu wenig repräsentiert waren. Wir konnten in der DDR nicht antiautoritär auf den Tischen tanzen, der DDR-Staat ließ dies nur notgedrungen in kleineren Kreisen zu – womöglich unter Beobachtung der Staatssicherheit. Der nicht gebrochene Untertanengeist durchwaberte die DDR-Gesellschaft weit mehr als die durch ihre 68er durchgeschüttelte Bundesrepublik.

Ich hoffe, ich konnte bis hierhin deutlich machen, dass die Ostdeutschen, die den Westdeutschen 1989 als eine scheinbar homogene Großgruppe gegenüberstanden, niemals eine homogene Gruppe waren. Die DDR war eine gespaltene Gesellschaft, gespalten in Herrscher und Beherrschte, wobei die Trennungslinien dazwischen alles andere als scharf waren. Bei den Herrschern und den Beherrschten gab es solche und solche. Und zum Zeitpunkt 1989 hatten die Mitglieder dieser gespaltenen Gesellschaft eine ungeklärte, fragile Identität. Fragil, weil die genaue Art der schon oben beschriebenen Zuschreibungen und Überformungen der Identität durch die russischen Sieger noch sehr unbewusst war. Ungeklärt, weil die DDR-Identität hinter der Mauer gleichsam stumm geblieben war, sich nicht im Vergleich mit dem Westen hatte schärfen und artikulieren können. Nur ein Teil der DDR-Bürger fühlte sich wirklich noch mit der DDR identifiziert, ein anderer kleiner Teil fühlte sich als »Deutsche«. 1989 waren wir nicht mehr DDR-Bürger und noch nicht Bundesdeutsche, sondern Zwischenwesen. Jetzt wird oft behauptet, dass die DDR-Identität überhaupt erst nach der Wende entstanden sei, durch die schwierigen Erfahrungen, welche die Ostdeutschen im Vereinigungsprozess machen mussten.

Ich denke, dass jeder, der in der DDR lebte, sich irgendwie zu diesem Staat in Bezug setzen musste, weil er zwangsläufig und immer mit ideologisch-hierarchischen Machtstrukturen konfrontiert war und dies hatte dann immer auch mit der eigenen Identität zu tun. Der Vereinigungsprozess hat uns Ostdeutsche allerdings in einer Weise vereint, welche die oben geschilderte Spaltung der Gesellschaft nur wenig berücksichtigt hat. Egal ob Herrscher oder Beherrschter, Parteisekretär oder Bürgerrechtler – alle mussten sich mit neuen Strukturen und der Infragestellung ihrer bisherigen Existenz auseinandersetzen. Alle bekamen vereint weniger Geld als Westler in vergleichbaren Positionen und wurden genauso »vereint« als Diktaturgeschädigte gesehen. Zitat Stefan Wolle: »Zwischen den früheren Stützen des Regimes und den notgedrungen Angepaßten entsteht eine Eintracht, wie sie zu DDR-Zeiten nie existiert hat« (Wolle 1999, S. 86).

Durch die schnelle Vereinigung, welche die Ostdeutschen in freier Entscheidung selbst gewählt haben, konnten die gravierenden Konflikte zwischen ihnen nicht ausgetragen werden und wurden mehr oder weniger unter den Tisch gekehrt. Für manche ist dies eine unverdiente Gnade, für andere, Grund zu großer Bitterkeit.

Zu der gemeinsamen sozialökonomischen Abwertung, die nach dem wirtschaftlichen Zusammenbruch der DDR wohl unvermeidlich war, wurden die Ostdeutschen insgesamt auch symbolisch und kulturell in der Bundesrepublik nicht begrüßt. Die Leistung ihrer Selbstbefreiung fand keine symbolische Würdigung. Es kam nicht zu einer neuen gemeinsamen Verfassung, es gab keine neue Fahne und auch nicht eine neue gemeinsame Nationalhymne, wobei doch auch die bundesrepublikanische Hymne teilweise nicht mit Worten gesungen werden kann. Der 3. Oktober, der nun als Feiertag der deutschen Einheit gewählt wurde, sagt als Datum nur etwas über den Verwaltungsakt des Beitritts aus, nichts aber, was sich irgendwie auch mit ostdeutscher Identität verbinden ließe. Warum wurde nicht der 9. Oktober gewählt, der Tag an dem 1989 in Leipzig die Menschen trotz Angst in Massen demonstrierten und damit das Ende der DDR mit einläuteten?

Als Reaktion auf all dies gibt es jetzt im Osten den Versuch, erneut ein Kollektiv zu bilden: gegen Beschämungen und Entwertungen, die uns vermeintlich und wirklich der Westen zugefügt hat. Als Hymne dieses Kollektivs könnte man das Lied vom Anfang meines Vortrages vorschlagen. In ihm erleben wir die Umdeutung von erlittener Gewalt, von zwangsläufiger Unterwerfung unter diese Gewalt und damit einhergehender Scham in eine Art von witzigem Stolz.

Sich dem Schmerz des eigenen Versagens, der alten eigenen Scham zu stellen und der damit verbundenen Trauer über verlorene oder verbogene Lebenszeit ist wirklich schwer. Dies wäre auch ein sehr individueller Prozess, der die Brüche im ostdeutschen Kollektiv deutlich machen würde und den man nicht unbedingt einem Westler mitteilen möchte, der jetzt einen Kulturvorteil hat.

Scham, Traurigkeit, Wut als auch Schuld sind nicht gleich verteilt im Osten. Es geht um eine individuelle Auseinandersetzung, die auch zur Individualisierung der DDR-Bürger führt und die harmonische Abwehreinheit der Ostdeutschen sprengt.

Die Frage nach der ostdeutschen Identität wird sich zunehmend auflösen in der Frage, wie man heute als Deutscher zu Deutschland steht; ob es über 50 Jahre nach Kriegsende und 13 Jahre nach Aufhebung der Spaltung so etwas wie eine gute, d.h. eine positive deutsche Identität geben kann und wie diese beschaffen sein könnte. Dazu wünsche ich mir auch in diesem Raum viele unterschiedliche persönliche Stimmen aus West und Ost.

April 2002

Literatur

Bude, H. (1995): Das Altern einer Generation. Frankfurt a.M. (Suhrkamp).

Kowalczuk, I.-S. (2000): 17. Juni 1953. In: Veen, H.-J. et al. (Hg.): Opposition und Widerstand in der SED-Diktatur. Berlin, München (Propyläen-Verlag).

Misselwitz, I. (2002): Die Wiedervereinigung ein quasi »ethnischer« Konflikt? In: Schlesinger-Kipp, G. & Warsitz, R.-P. (Hg.): Entgrenzung – Spaltung – Integration, Arbeitstagung der DPV Leipzig vom 8.–11. Mai 2002. Bad Homburg, Congress Organisation Geber und Reusch.

Mitter, A. & Wolle, S. (1990): Ich liebe euch doch alle! Befehle und Lageberichte des MfS Januar–November 1989. Berlin (Basisdruck).

Mitter, A. & Wolle, S. (1993): Untergang auf Raten. München (Goldmann).

Simon, A. & Faktor, J. (2000): Fremd im eigenen Land? Gießen (Psychosozial-Verlag).

Volkan, V.D. (1999): Das Versagen der Diplomatie. Gießen (Psychosozial-Verlag).

Wolle, S. (1999): Die heile Welt der Diktatur. Berlin (Ch. Links).

Unsere bösen Kinder
Anmerkungen zur rechten Gewalt in Ostdeutschland

In diesen Tagen werde ich immer wieder als Psychologin gefragt, was ich über die rechtsextremen Jugendlichen im Osten denke. Meist versuche ich, mich öffentlichen Äußerungen zu entziehen, weil immer die Gefahr besteht, dass psychologisches Verstehen oder psychoanalytische Deutungen im öffentlichen Diskurs ungemein verflachen. Da sie nicht wie im Therapiezimmer in einer tragfähigen Beziehung geäußert werden, werden fachliche Interpretationen entweder als Einfühlung in Verurteilenswertes missverstanden oder aber sie werden – was weitaus öfter der Fall ist – als Angriff erlebt. Die Dynamik ist bekannt: Wenn unangenehme, teilweise unbewusste Dinge angesprochen werden, geht man sofort in Abwehrhaltung.

Wenn ich jetzt doch öffentlich über Neonazis im Osten nachdenken möchte, dann in erster Linie als Bürgerin, die es unerträglich findet, jeden Tag eine neue Meldung über ostdeutsche jugendliche Schläger in der Zeitung zu lesen. Ich schreibe als Ostdeutsche über Ostdeutsche, weil ich nur davon etwas zu verstehen meine und weil mich der Balken vor unseren Köpfen mehr stört als die Splitter in den Augen der Westler.

Die Jugendlichen, die ja nicht erst in diesem Sommer

grölen, schlagen und morden, sind zwischen zwölf und 25 Jahre alt. In der Wendezeit waren sie zwischen zwei und 15 Jahren. Es sind die Kinder, die in der Nachwendezeit heranwuchsen. Mein Nachdenken gilt daher ihren Eltern und Großeltern, ihren Lehrern, Tanten und Onkeln. Die waren 1989 erwachsen und haben diese Kinder »erzogen« (wie das böse deutsche Wort dafür nun mal heißt). Diese Erwachsenen und die von ihnen geschaffenen Strukturen scheinen nicht in der Lage gewesen zu sein, ihre Funktion auszuüben: Halt zu geben, tragfähige Werte zu vermitteln und eindeutige Grenzen zu setzen, wenn diese überschritten werden. Mir kann niemand erzählen, dass es in einem Ort wie Mahlow bei Berlin (es könnten auch Ahrenshoop oder Magdeburg sein) nicht möglich wäre, die versammelten Jugendlichen am Bahnhof, die Nazilieder grölen, Reisende anpöbeln und bei jedem Menschen mit anderer Hautfarbe ausrasten, binnen kurzem zu zivilisiertem Verhalten zu bringen, wenn die Väter und Großväter des Ortes, die Mütter und die Lehrerinnen, der Taxifahrer und die Verkäuferin ihnen eindeutig vermitteln würden, dass sie dieses Verhalten nicht dulden, dass sie es gemeinsam ächten und dass sie die Polizei rufen, wenn es denn nötig ist. Inmitten gut funktionierender Familien und Gemeinden wachsen nicht plötzlich jugendliche Monster heran. Sie sind *unsere Kinder*, wie der noch zu DDR-Zeiten entstandene Film von Roland Steiner über rechte Jugendliche in der DDR hieß. Gerade während ich an diesem Text schreibe, wird die jüngste Erhebung zu rechtsextremen Einstellungen in Berlin und Brandenburg veröffentlicht. Niedermayer und Stöss fanden nicht nur heraus, dass jeder fünfte Brandenburger und jeder achte Berliner ein entsprechendes Weltbild hat, sondern auch, dass diese Einstellungen mit wachsendem Alter zunehmen.

Was also ist mit den Eltern, mit den Erwachsenen los?

Sie sind in der DDR mit ihren antifaschistischen und internationalistischen Idealen sozialisiert, haben die Wende durchlebt und sind jetzt in der Bundesrepublik mehr oder weniger angekommen. Nach den neusten Umfragen fühlen sich ein Drittel der ehemaligen DDR-Bürger nicht als Bundesbürger, 1998 waren es noch zwei Drittel. In der Zeit nach 1989 erlebten sie einen »Kulturschock«, wie es der Soziologe Wolf Wagner formuliert hat. Zwei verschiedene Alltagskulturen stießen aufeinander, die sich bis heute unterscheiden. Dass die Alltagskultur der Westdeutschen demokratischer, toleranter und weltoffener ist, haben diese zum einem ihren westlichen Besatzungsmächten nach 1945 zu verdanken, zum anderen ihrer um 1968 rebellierenden Jugend. Wie diese West-68er die demokratische Kultur der Bundesrepublik geprägt haben, habe ich in diesem Buch schon an anderer Stelle ausgeführt und das Fehlen dieser Kulturrevolution den repressiven Bedingungen der DDR angelastet (vgl. S. 73 in diesem Buch). So gab es in der DDR nur wenige wirkliche Oppositionelle. Wir wurden in den Gaststätten platziert, an den Elternabenden im Kindergarten darüber belehrt, dass es der Friedenserziehung dient, wenn die Kinder Panzer malen und waren daran gewöhnt, die Kandidaten der Nationalen Front alle vier Jahre wieder durchzuwinken. Es ist kein schönes Gefühl, aus einer Diktatur zu kommen, die man gar nicht als solche sah; und nun auch noch feststellen zu müssen, dass man von ihr geprägt ist.

Vor dieser Auseinandersetzung mit ihrem psychischen und sozialen Geprägtsein durch die DDR drücken sich die meisten erwachsenen Ostdeutschen. Dies ist nur zu verständlich, weil sie nach der Wende extremen existenziellen Anforderungen ausgesetzt waren und sind und weil die Art ihres Andersseins immer als minderwertig und bewusst selbstverschuldet behandelt wurde.

Dauernden psychischen und auch konkret materiellen Entwertungen zu widerstehen ist eine schwere psychische Dauerbelastung. Und wenn man dann noch zu den sozial Unterprivilegierten gehört, die nach Niedermayer und Stöss am meisten zu rechten Weltbildern neigen, potenziert sich diese Belastung. Da greift man dann zu Projektionen. Das heißt, man versucht, eigene innerpsychisch unaushaltbare Gefühle und Inhalte jemand anders zuzuschreiben, um sich selbst davon zu entlasten. Die eigene Fremdheit in der neuen Westkultur und das sich ihr Nicht-gewachsen-Fühlen wird auf Ausländer projiziert und mit ihnen zusammengeschlagen. Die Gefühle von Schwäche und Ohnmacht werden bei Behinderten und Obdachlosen verachtet. Da dieser Mechanismus unbewusst abläuft, sind die eigenen Minderwertigkeitsgefühle »glücklich« in deutsche Großmannssucht verwandelt.

Die Mehrheit der Ostdeutschen greift aber nicht zu solch einfachen Projektionen. Viele weichen aber trotzdem auch der Auseinandersetzung mit der DDR-Vergangenheit aus. Wir Ostdeutschen sind nicht alle gleich. Wir waren schon vor 1989 sehr unterschiedlich und völlig verschiedener Meinung, die wir allerdings nicht öffentlich austragen konnten. Vielleicht ist jetzt die Zeit dafür reif, dass die DDR-Bürger miteinander über die Vergangenheit streiten, als sich immer nur in Abwehrkämpfen gegen westliche Zuschreibungen zu verbünden.

Ich möchte mich hier besonders auf drei Dinge unseres Geprägtseins konzentrieren, weil sie mir im Zusammenhang mit dem Thema der rechtsradikalen Jugendlichen bedeutungsvoll erscheinen: auf den antifaschistischen Gründungsmythos der DDR, die fehlende Generationsauseinandersetzung und auf die Art der ehemaligen DDR-Bürger, die Gesetze des Staates hintenrum zu umgehen, die letztendlich zu einem »System der organisierten Verantwortungslosigkeit« führte, wie Rudolf Bahro es formuliert hatte.

Die in der DDR nach 1945 in die Macht eingesetzten Politiker waren zum Teil erwiesenermaßen antifaschistisch oder reklamierten dies für sich. Sie schufen den Mythos, dass die DDR in gewisser Weise aus dem Antifaschismus geboren worden sei. Diese Saga entfaltete eine ungeheuer starke Wirkung – bis in die einzelne Familie hinein –, weil sie umfassende Schuldentlastung von den deutschen Verbrechen bot. Diese Schuldentlastung wurde von den Ostdeutschen, die gar nicht unschuldiger waren als die Westdeutschen, gierig ergriffen und nach und nach sogar geglaubt. Die Identifikation mit den Antifaschisten und später auch der DDR bot den ungeheuren Vorteil, nun scheinbar auf der richtigen deutschen Seite zu stehen, auf der Seite des Widerstands und damit der Opfer. Alles, was aber nach 1945 an psychischen Dispositionen, an Anfälligkeit für Unterordnung, autoritärem Denken, Verachtung des Fremden und Schwachen weiter da war, wurde außer in der Kunst und Literatur nicht wirklich bearbeitet. Es gab die historische und politisch-ökonomische Auseinandersetzung mit dem Nationalsozialismus, es gab die Gedenkstätten und die dauernde Anforderung, ein »neuer« Mensch zu werden, aber die strukturellen Bedingungen für die Auflösung faschistoider Haltungen wurden nur teilweise geschaffen. In den Familien gab es das gleiche Schweigen darüber wie im Westen, was denn die Väter nun wirklich im Krieg getan oder nicht getan hatten. Dass DDR-Jugendliche in den 80ern anfingen, ihre Großeltern anders zu fragen und viele unverdaute Kriegserlebnisse der schönen Art zu hören bekamen, gehörte zu den Anfängen der rechtsradikalen Gruppen in der DDR.

Die DDR machte es ihren Bürgern auf noch andere Weise strukturell schwer, mündige Demokraten zu werden. In diesem Staat wurde versucht, den Antagonismus zwischen Familie und Kultur einzuebnen, wie dies in Kulturen der Fall ist, die sich vom Kulturwandel abschirmen, in dem sie die Adoleszenz, also die Zeit des Erwachsenwerdens, mittels der Art der Initiation einfrieren. (Der Psychoanalytiker Mario Erdheim hat diesen Mechanismus beschrieben.) Dies geschah mithilfe der staatlichen Institutionen wie Schule, Jugendorganisationen und Armee und mithilfe von festgezurrten Initiationsritualen wie der Jugendweihe, welche die Jugendlichen auf die bestehende Kultur verpflichteten und damit ein quasi familiäres Angebot machten. Die in der Adoleszenz liegenden Veränderungspotenziale wurden so in das Bestehende eingebunden und konnten nicht ausformuliert und ausgelebt werden, führten nicht zu Veränderungen, die eine Gesellschaft lebendig erhalten. Die Auswirkungen dieser Familiarisierung auf die Psyche der Bürgerinnen und Bürger der DDR hat Uwe Johnson schon 1970 beschrieben, in seinem hellsichtigen »Versuch eine Mentalität zu erklären«. Er setzt sich in diesem Essay mit der Mentalität von Menschen auseinander, die aus der DDR in die Bundesrepublik gegangen waren. Ihm fällt auf, dass sie sich von diesem Staat auch nach dem Weggehen nur schwer trennen können. »So reden Kinder von ihren Eltern. So reden Erwachsene von jemand, der einst an ihnen Vaterstelle vertrat« (Johnson 1970, S. 52). »In vielen Aussagen erscheint die DDR als fest umrissene personenähnliche Größe (während die Bundesrepublik bewusst ist als lediglich eine Lage, in der man sich befindet)« (ebd., S. 55). In dieser familiarisierten DDR-Kultur wurde dann ja wirklich von »unseren Menschen« gesprochen, wie man von unseren Kindern spricht und es kam zu der jetzt so oft beschworenen »menschlichen Wärme« im gesellschaftlichen Umgang, wie sie vielleicht eine solche familiarisierte Kultur hervorbringt – mit den Vorteilen und den Nachteilen die das hat. Die Vorteile sind die Gefühle von Geborgenheit und Zusammengehörigkeit, die diese Art von Kultur ihren Mitgliedern bietet. Man arbeitet für den Staat und der Staat übernimmt fürsorgerische Funktionen für seine Bewohner. Wenn man sich gegen den Staat wendet, kann man sich trotzdem seiner ständigen verfolgenden Aufmerksamkeit gewiss sein.

Der Nachteil ist, dass eine solche familiarisierte Kultur sich damit vor jeder Veränderung nach außen und nach innen abschirmt. BürgerInnen, die von innen her Wandel anmahnen, drohen Bestrafung und Ausstoßung. Da die DDR-Mächtigen sich ständig von innen und außen bedroht fühlten, forderten sie von ihren BürgerInnen dauernde Loyalitätsbekenntnisse. Auch wenn viele sich der DDR-Propaganda entzogen, blieben sie doch in den Bekenntniszwängen eingeklemmt.

Die DDR-Jugendlichen trafen also bei ihren Versuchen, sich vom Elternhaus zu emanzipieren, auf eine Kultur, die sie erneut einbinden und auf sich kritiklos verpflichten wollte, sie einmauerte – sogar mit einer wirklichen Mauer. *Kein runter, kein fern* ist der Titel einer wunderbaren Erzählung von Ulrich Plenzdorf von 1984, die genau diese Tragik gestaltet. Die Hauptfigur, ein geistig leicht behinderter Jugendlicher, Sohn eines autoritär-grausamen Mitarbeiters der Staatssicherheit, hat das Gerücht gehört, dass die Stones auf dem Springer-Hochhaus an der Mauer auftreten sollten. Die dramatische Schilderung seiner Erlebnisse in der wartenden Menge vor dem vermeintlichen Auftritt der Stones bis zum Auftauchen der brutal zuschlagenden Polizei bietet den Rahmen für die Gestaltung der innerfamiliären und gesellschaftlichen Konflikte. »Kein runter« steht für die väterliche Strafe des Stubenarrestes und »kein fern« für das Fernsehverbot. Für mich war das auch die kürzeste Formel, auf die man die Einengungen der DDR-Gesellschaft bringen konnte.

»Kein runter« – nur nicht in die Tiefe gehen, gar in unbewusste Dimensionen dieses Systems, »kein fern« – das Reiseverbot verschloss die Welt.

Die DDR-Jugendlichen wurden so auf ihre Herkunftsfamilien zurückgeworfen, und hier kam es dann auch nicht zu einer vergleichbaren Generationsauseinandersetzung wie im Westen. Weder über die Zeit vor 1945 noch über die Art, wie man in der DDR lebte. Dadurch, dass die Eltern der gleichen Repression unterworfen waren wie die Jugendlichen, gab es im Osten mehr Identifikation mit den Eltern und mehr Verständnis für sie. Allen gemeinsam war, dass man sich irgendwie arrangieren musste, wenn man in der DDR bleiben wollte. Konsequente öffentliche Opposition führte ins Gefängnis oder haarscharf daran vorbei oder zum Verlassen der DDR.

Dies alles brachte verschiedene Verhaltensweisen hervor. Eine der am meisten verbreiteten war, die Gesetze des Staates mit klammheimlicher Freude hintenrum außer Kraft zu setzen oder zu umgehen, also nicht die offene Auseinandersetzung und den offenen Konflikt zu suchen. Dies war oft zu gefährlich. 1989 wagten die DDR-Bürger den offenen Konflikt und es ist tragisch, dass die Leistung der friedlichen Revolution nicht wirklich Anerkennung im vereinten Deutschland findet.

Mit den schnell und neu installierten Weststrukturen gehen einige nun um, wie zu DDR-Zeiten: Sie versuchen nicht, sich in sie einzubringen und durch Mitwirken zu verändern, sondern versuchen, sie mit passivem Widerstand zu umgehen. Sie vertragen keine Konflikte und keinen Streit, keine wirkliche Infragestellung und sind unheimlich schnell beleidigt. Einige wenige von ihnen stecken ihren Frust, ihre Ohnmacht und Wut bewusst oder unbewusst in ihre Kinder und beobachten mit der alten Klammheimlichkeit, wie diese jede zivilisatorische Struktur und damit den neuen Staat außer Kraft zu setzen versuchen. Eine elegantere Abwehrform besteht darin, die jugendlichen Schläger selbstverständlich zu verurteilen, aber die Ursachen nur in den Wirkmechanismen des kapitalistischen Systems und dem ungenügenden Durchgreifen des neuen Staates zu sehen. Die alten Strukturen sind aufgelöst, mit den neuen ist man nicht identifiziert und weigert sich aus manch verständlicher Gekränktheit und Sich-ausgeschlossen-Fühlen, aber auch aus Trotz und Nichtgeübtsein, sich in sie einzubringen.

Und »angenehmerweise« setzen sich diese Jugendlichen nun wiederum in alter DDR-Tradition nicht mit diesen Eltern auseinander, sondern sehen sie nur als Gescheiterte oder geschlagene Opfer, die man nicht in Frage stellen darf. Nach außen wird feige auf Wehrlose eingetreten, nach innen werden vermeintlich Wehrlose geschützt.

Vielleicht aber bringen die »bösen« Kinder nun wenigstens einige von uns dazu, uns der Verantwortung der Selbsterkenntnis zu nähern und zu begreifen, dass wir Ostdeutsche nicht wehrlose Opfer dieses neuen Deutschlands sind und dass wir uns ins eigene Fleisch schneiden, wenn wir sein Gesicht nicht mitbestimmen.

August 2000

Nachtrag: »Das schlägt dem Faß den Boden aus«

Der Text »Unsere bösen Kinder« wurde am 15. August 2000 leicht gekürzt in der *Berliner Zeitung* veröffentlich, später wurden Passagen in der Magdeburger *Volksstimme* vom 14. November 2000 wiedergegeben. Ich möchte die Leser dieses Buches an der sich anschließenden Diskussion und meiner Analyse teilhaben lassen.

Lassen Sie mich dazu aus einigen Leserbriefen zitieren, die ich erhielt, als der obige Text veröffentlicht worden war. Die Magdeburger *Volksstimme* vom 16. November 2000 wählte als Überschrift der Leserdiskussion ein Zitat aus einem Leserbrief: »Das schlägt dem Faß den Boden aus«. Der Leser Hans-Dieter Augusti schreibt:

> »Das, was eine sogenannte Psychoanalytikerin aus Ostberlin von sich gibt, schlägt ja nun dem Faß den Boden aus. Wir Ostdeutschen sind an unserem Rechtsextremismus deshalb schuld, weil wir die westdeutsche Kulturrevolution von 1968 nicht mitgemacht haben? Sollen wir die etwa jetzt noch nachholen ...? Einmal sind wir schuld, weil wir als Kleinkinder brav auf unseren Pinkeltöpfchen gesessen haben und zum anderen sind wir schuld, weil wir 1968 nicht den Aufstand gegen die ältere Generation geübt haben. Egal, was und wie wir es machen, schuldig sind wir immer. Dabei, stellt das, was diese ›Dame‹ von sich gibt, auch nur ein Ablenkungsmanöver von den eigentlichen Ursachen dar. Wenn ein Angehöriger der Waffen-SS, [...] jetziges Mitglied der CDU von höchster Stelle mit dem Bundesverdienstkreuz ausgezeichnet wird [...], dann betrachte ich dies als symbolischen Akt [...]. Wie viele Angehörige der Waffen-SS erhalten immer noch hohe Pensionen von unserem Staat? Frau Simon hätte sich lieber damit beschäftigen sollen.«

Ein anderer Leserbrief von Milko Hofmann wird am 21. November 2000 in der *Volksstimme* veröffentlicht:

> »In dem Zusammenhang nur so viel, dass ich es leid bin, ständig mit solchem Mist wie dem der Frau Simon konfrontiert zu werden. Hat sie schon zur Kenntnis genommen, daß es auch Menschen gibt, die sich nicht immer als die Blöden aus dem Osten, denen es an allem gemangelt hat, selbst an der 68er Kulturrevolution, dargestellt sehen wollen?«

Nun ein Leser der *Berliner Zeitung* in einem Brief vom 19. August 2000, der nicht veröffentlicht wurde:

> »Einen offen bekundeten Rechtsradikalismus gab es zuerst und von Anfang an in der BRD, geduldet und klammheimlich gefördert von diesem Staat, in dem alte Nazis zuhauf wieder in Amt und Würden saßen [...]. Die ostdeutschen Neonazis erstarkten und kamen aus ihren Rattenlöchern erst, seit den Ostdeutschen durch das Agieren von Konterrevolutionären und durch den Drang einer Mehrheit nach Konsum und vermeintlicher Freiheit wieder das alte kapitalistische Ausbeuter- und Konkurrenzsystem der BRD übergestülpt wurde. Die Hauptursache für den Rechtsradikalismus im Osten sind die Mißstände des neoliberalen Systems, in dem im Zuge der Globalisierung statt einheimischer Arbeitskräfte lieber billige ausländische Schwarzarbeiter beschäftigt werden« (B. Lange).

Zum Schluss noch ein Zitat aus einem langen Brief einer Leserin, eine der wenigen Frauen, die mir schrieben. Frau Dr. Eveline Kolloch meint, dass heute in Ost wie West zu wenig Erziehung praktiziert wird.

> »Die Erziehungsdefizite prägen aber nicht nur ostdeutsche Familien – sie sind ein Ergebnis des gesamten gesellschaftlichen sozialen und mentalen Klimas. Zur bundesdeutschen Kultur gehört der individuell entfaltete omnipotente Siegertyp mit vielen Rechten und möglichst wenig Pflichten der Gesellschaft gegenüber. Spitze Ellenbogen sind wichtiger als rücksichtsvolle Gehirne [...]. Egoismus rangiert vor Solidarität. Damit wird auch Gewalt zur akzeptierten Norm und Normalität in Ost und West.«

So weit die Zitate aus Leserbriefen. Man könnte einige von ihnen schnell abtun als »typisch altes Klassenkampfdenken«, aber ich möchte sie ernst nehmen als die Reaktion von Erwachsenen, die ja auch das Denken und Handeln der Jugendlichen direkt oder indirekt prägen. Wie kann man diese Reaktionen interpretieren und verstehen?

1. Die Leserbriefschreiber fühlen sich stark angegriffen, von allen Seiten, von Herrn Pfeiffer bis zu mir. Dabei

kommen die Reflexionsangebote als Vorwürfe an: »Wir sind an allem schuld.« Um das nicht zu sein, erfolgt eine sofortige und schnelle Abwehr: Nun ist gleich wieder der Westen, die BRD, der Kapitalismus an allem schuld. Die tieferen, auch psychischen Ursachen im Osten liegen leider hinter dem Reflexionshorizont.

Diese Art der Reaktion kenne ich noch aus unzähligen offiziellen politischen Diskussionen in der DDR. So wie etwas am DDR-System kritisiert wurde, kam sofort der unvermeidliche Verweis auf die doch unübersehbaren Missstände im Westen. So wurde verhindert, Konflikte und das eben auch vorhandene Unrecht der DDR-Gesellschaft öffentlich zu benennen oder gar zu diskutieren. Im öffentlichen Diskurs der DDR gab es nicht die Möglichkeit einer kritischen Selbstreflexion dieser Gesellschaft (dieser Diskurs wurde teilweise in der Kunst geführt und in großem Ausmaß inoffiziell) und dies führte zu einer »Gesellschaft, die sich selbst nicht kannte«, wie der Soziologe Klaus Wolfram es benannt hat.

Die zitierten Leserbriefe folgen fast reflexartig diesem alten Muster. Es darf auch im Abstand von zehn Jahren nicht allein über die DDR und ihr Erbe nachgedacht werden. Leider führt die sofortige Abweisung von Schuld auch zur Abweisung von persönlicher Verantwortung. Wenn nur die kapitalistischen Weststrukturen den Rechtsradikalismus bewirken, kann man als einzelner Bürger im Osten sowieso nichts daran ändern.

2. Das Ost-West-Denken in den Briefen ist sehr ausgeprägt und der aufkommende Ost-Ost-Konflikt (zwischen mir als Ostlerin und den Briefschreibern) wird damit abgewehrt, dass ich aus dem Ostkollektiv ausgeschieden werde. Ich bin dann eine »sogenannte« Psychoanalytikerin, wobei das »sogenannt« früher der DDR zugefügt wurde. Eine selbst erlittene abqualifizierende Etikettierung wird nun gegen mich gewandt. Ich

bin außerdem eine »Dame« und damit als »bourgeois« entlarvt.

Da ich mich für die Leserbriefschreiber durch die Art meiner Reflexionen aus dem ostdeutschen Kollektiv herausgenommen habe, darf ich nicht mehr zu ihm gehören.

3. Die Reaktionen sind emotional sehr wuchtig. Die Schreiber fühlen sich persönlich angegriffen und schlagen auch persönlich zurück. Dabei wird meines Erachtens nicht nur Schuld abgewehrt. Der Satz: »Wir sind die Blöden, denen es an allem gemangelt hat« kommt aus einem anderen Affekt – aus dem der Scham.

Manche Ostdeutsche fühlen sich durch die Art des öffentlichen Umgangs mit ihrer Vergangenheit beschämt. Und diese Scham ist nicht nur eine neue Scham, sondern auch eine alte. Jochen Schade hat dazu schon einiges gesagt (vgl. Schade 2001).

Diese alte, oft unbewusste und verdrängte Scham aus der DDR-Zeit, in der man sich Zwängen manchmal auch mehr als notwendig gebeugt hatte, wird jetzt in vielfältiger Weise ans Licht gezerrt. Und im grellen Licht der Öffentlichkeit und der Westscheinwerfer wird sie zu einer neuen Beschämung und zur Entwertung.

Diesen Schampunkt habe auch ich mit meinen Thesen getroffen und verletzt.

4. Was hat mich auch getrieben, diesen Artikel zu schreiben? Mich als Psychoanalytikerin der Öffentlichkeit auszusetzen?

Zunächst war es auch Scham. Ich habe mich geschämt, dass im Osten pro 100.000 Einwohner viermal mehr fremdenfeindliche Gewalttaten gezählt werden, Ausländer um das 25-Fache mehr bedroht sind und die Brutalität der Übergriffe wesentlich größer ist.

Ich schämte mich als Ostdeutsche, mich selbst auch diesem Kollektiv zurechnend. Und ich wollte endlich schamfrei und ohne falsche Rücksichten vom Leder ziehen, was mich schon immer angestunken hat in der DDR und worüber ich damals öffentlich zu schweigen gezwungen war. Ich wollte denen die Meinung sagen, die mich und meine Kinder z.B. in der Schule gemaßregelt und mit ideologischen Dummheiten überhäuft hatten. In meinem Satz aber: »Wir wurden in den Gaststätten platziert, an den Elternabenden im Kindergarten darüber belehrt, dass es der Friedenserziehung dient, wenn die Kinder Panzer malen und waren daran gewöhnt, die Kandidaten der Nationalen Front alle vier Jahre wieder durchzuwinken« (siehe S. 81 in diesem Band) – schließt das »Wir« mich ausdrücklich mit ein.

Der Artikel war also auch ein Versuch, mich meiner alten und neuen Scham zu stellen und nicht erneut zu schweigen, wenn ich mich in der Verantwortung fühle. Dabei ist im Ton des Textes bestimmt auch ein gewisser affektiver Furor mit mir durchgegangen und auch eine Lust an der Verfolgung der Verfolger. In meinen Thesen gibt es auch einen Anteil an Rache an all dem und denen in der DDR, worunter ich litt und auf dessen Nachhall in der Gegenwart ich hochallergisch bin. Meine Trauer über nicht nachzuholende Lebenszeit kommt in diesem Text zu kurz und ist eher in einen Angriff verwandelt.

Aber ihn zu schreiben hatte etwas Befreiendes und auch die Reaktionen bringen etwas Frisches mit sich. Wenn sie auch teilweise verletzend und von Haltungen geprägt sind, auf die ich eben diese alte Allergie habe, sind doch nun die Widersprüche offen benannt und liegen auf dem Tisch. Man streitet sich endlich im Osten miteinander über die Vergangenheit und die Gegenwart und verbündet sich nicht unlauter gegen vermeintliche westliche Zuschreibungen. Das schlägt dem Fass den Boden wirklich aus, der alte Ostzusammenhalt wird gesprengt, der ja auch schon vor 1989 nur noch künstlich war.

Zum Schluss soll noch ein anderer Leser zu Wort kommen, eine positive Reaktion auf meinen Artikel, die es natürlich auch gab:

> »Als ehemals von der DDR überzeugter, aber auch kritischer Bürger (jetzt 64) verfolge ich die Geschehnisse seit der Wende mit wachem Auge und ich wundere mich nach Gesprächen mit Kollegen und Bekannten immer wieder, daß ich in dieser Aufgeschlossenheit nicht zur Mehrheit gehöre, daß viele gar nicht bereit sind, etwas anderes als die eingeschweißten Phrasen anzuerkennen bzw. überhaupt nachzudenken. Ich bin etwas traurig darüber, daß ich erst nach 10 Jahren dahinterkomme, daß die DDR eine Diktatur gewesen sein muß, in der die Menschenverachtung ein Prinzip war. Ich erkannte nur gleich nach der Wende, daß die sozialistische Gesellschaft eine verbogene Gesellschaft war und ich schrieb in meinen Schreibcomputer lauter kleine Geschichten über Auffälligkeiten und Verhaltensweisen, um einmal im Prozeß der »Arbeit« zur Erkenntnis zu gelangen« (Christoph Häßler).

Eine der Koalitionen, die im jetzigen »Ostkollektiv« leider gebildet werden, ist die zwischen rechten Jugendlichen und den Erwachsenen, die ihr Verhalten offen oder schweigend billigen. Diese Jugendlichen betonen die deutschen Werte und den deutschen Wert. Sie stellen sich so auch der Entwertung ihrer Eltern entgegen. Intergenerative Verantwortung zu übernehmen, würde für Erwachsene bedeuten, erst einmal für sich und ihr Tun in Vergangenheit und Gegenwart Verantwortung zu übernehmen, sich u.a. auch Scham und Schuld eingestehen zu können und zu dürfen.

Mai 2002

Literatur

Bahro, R. (1977): Die Alternative. Köln, Frankfurt a.M. (Europäische Verlagsanstalt)

Erdheim, M. (1984): Die gesellschaftliche Produktion von Unbewußtheit. Frankfurt a.M. (Suhrkamp).

Johnson, U. (1975): Versuch eine Mentalität zu erklären. In: Johnson, U.: Berliner Sachen. Frankfurt a.M. (Suhrkamp).

Plenzdorf, U. (1984): Kein runter kein fern. Frankfurt a.M. (Suhrkamp).

Schade, J. (2001): Wie gegenwärtig ist die Vergangenheit? In: Bohleber, W. & Drews, S.: Die Gegenwart der Psychoanalyse – die Psychoanalyse der Gegenwart. Stuttgart (Klett-Cotta).

Wagner, W. (1996): Kulturschock Deutschland. Hamburg (Rotbuch).

Wolfram, K. (1996): Zur Geschichte des guten Willens. Sklaven 25, 3–5.

Blindheit im Beruf

Vor einigen Wochen traf ich alte Freunde wieder, mit denen ich in den 70er Jahren in einem sich teilweise als konspirativ definierenden Zirkel zusammen war, der sich das Ziel gesetzt hatte, die Gesellschaft der DDR kritisch zu analysieren und zu verändern.

Wir trafen uns jetzt, um von einem der Freunde, der schon Einsicht in die Akte genommen hatte, in der unser operativer Vorgang erfasst wurde, zu hören, was der Staatssicherheitsdienst von uns wusste und was genau gegen uns gelaufen war. Wir erfuhren nun von ihm, dass es bei allen von uns neben dem ständigen Abhören des Telefons und der Überwachung der Post illegale Wohnungsdurchsuchungen in unserer Abwesenheit sowie mehrere Inoffizielle Mitarbeiter (IMs) um uns herum gegeben hatte. Dem Freund war außer dem ständigen Abhören seiner Wohnung ein handgeschriebenes Manuskript aus seinem Schreibtisch vorübergehend gestohlen und abgelichtet worden, um es an der Hochschule der Staatssicherheit in Potsdam-Golm begutachten zu lassen. Um seine Schreibtischfächer im Betrieb in Ruhe durchsuchen zu können, wurde nur aus diesem Grund eine Feuerwehrübung im Betrieb veranstaltet. Anfang der 80er

Jahre wurde er wochenlang verhört, mit dem Ziel, einen Prozess gegen ihn zu eröffnen. Als die Verhöre beendet waren, scheint sein gesamtes Wohngebiet wegen einem angeblichen Bombenfund abgesperrt worden zu sein, nur damit er nicht gleich zu einem Mitglied unserer Gruppe Kontakt aufnehmen konnte.

Es war ein Abend der gemischten Gefühle: Wie wichtig hatten die uns genommen, welchen Aufwand hatten die um Leute getrieben, die sich selbst damals immerhin noch als marxistisch definierten und die in der DDR bleiben wollten. Keiner von uns damals glaubte, dass der Staatssicherheitsdienst uns mit dieser Schärfe im Visier hätte. Hätte mir jemand davon erzählt, ich hätte das als Spinnerei abgetan.

In der Nacht nach unserem jetzigen Treffen hatte ich einen Traum: Der gleiche Freundeskreis sitzt im gleichen Raum um den gleichen Tisch. Während wir uns unterhalten, betritt eine Gestalt das Zimmer, deren Gesicht schwarz vermummt ist. Sie beginnt mit äußerster Brutalität auf uns einzuschlagen. Eine und einer nacheinander fallen wir verletzt von den Stühlen, ohne uns gewehrt zu haben.

Ich erwachte mit rasendem Herzen und großer Angst. Einer Angst, an die ich mich beim besten Willen nicht aus DDR-Zeiten entsinnen kann. Eine solche Angst und auch solche Träume hatte ich damals nicht. Erst jetzt haben sie mich eingeholt, erst jetzt kann ich diese Angst fühlen.

Aufgrund dieser sehr persönlichen Erlebnisse habe ich begriffen, wie eine über Jahre vollzogene Verdrängung von Angst blind machen kann. Diese Blindheit erstreckte sich nicht nur auf die dauernde Verharmlosung der erlebten massiven Eingriffe in unser privates Leben, wo sie ja eindeutig dem Selbstschutz diente. Bei voller Wahrnehmung aller gegen mich und meine Familie gerichteten Maßnahmen wäre die gesunde Reaktion eine paranoide

Entwicklung gewesen, ein ständiges Sich-Verfolgt- und Beobachtet-Fühlen, das entweder völlig handlungsunfähig machen könnte oder aber die Konsequenz erfordert hätte, sich auch öffentlich politisch aktiver zu artikulieren und damit eventuelle Strafverfolgung auf sich zu ziehen oder aber zu versuchen, die DDR um jeden Preis zu verlassen. Ich zog es vor, die gegen uns und andere gerichteten Maßnahmen nur teilweise wahrzunehmen; so konnte ich weiterleben wie bisher. Selbst als ich und mein Mann in den Tagen der Ausrufung des Kriegsrechtes in Polen einen ganz demonstrativen persönlichen »Begleitschutz« hatten oder als wir nach einem Urlaub Briefkasten und Wohnungstür offen vorfanden, fühlte ich mich eher wie bei einem Räuber- und Gendarm-Spiel. Ich habe sie nicht ernst genommen und das war mein Trick. Angst hat niemand gern, weil sie einen klein und ohnmächtig macht. Angst ist aber eigentlich auch ein gutes und beachtenswertes Signal. Angst macht wach und aufmerksam. Sie zieht klare Fronten, trennt eindeutig Freunde von Feinden. Oder wie Herta Müller gestern sagte: Sie tickt anders als die Norm.

Eine von Angst oberflächlich befreite Atmosphäre deckt dagegen zu, führt zu Verharmlosungen und erleichtert bequemere Lebensarrangements.

Eine Kollegin sagte mir, dass sie zu dieser Zeit niemals in eine der psychotherapeutischen Selbsterfahrungsgruppen gegangen wäre, weil sie Angst gehabt hätte, dass die dort mitlaufenden Tonbänder anschließend von der Stasi abgehört worden wären oder einer in der Gruppe von der Firma sei. Ich bin in mehrere solcher Selbsterfahrungsgruppen gegangen und habe daher fast nicht an die Stasi gedacht. Ich bin dort natürlich massiv bespitzelt worden, u. a. von einem Kollegen, der den in diesem Zusammenhang äußerst passenden Decknamen »Sigmund Freud« führte und sich noch über die Selbsterfahrung hinaus an sogenannten »Zersetzungsmaßnahmen« gegen mich beteiligte. Er ist dann aber, noch vor 1989 und von sich aus, aus dieser unheilvollen Bindung an die Staatssicherheit ausgestiegen.

Zu meiner Ehrenrettung muss ich anführen, dass ich mich jetzt auch an eine Situation erinnere, in der ich große Angst hatte: In dem Wahljahr, das der Verhaftung von Rudolf Bahro folgte, 1978, hatte ich beschlossen, gegen die Kandidaten der Nationalen Front zu stimmen und dies auch durch den verpönten Gang in die Wahlkabine zu dokumentieren. Um elf Uhr vormittags ging ich zum Wahllokal, ein Pionierchor sang und eine Schlange von Menschen wartete darauf, ihre Zettel in die Urne zu stecken. Gerade als ich meine Schritte zu der Wahlkabine lenkte, die aus einer Schulbank und einem Bretterverhau oben drauf bestand – man war unten also sichtbar –, hörte der Chor auf zu singen. Es herrschte totale Stille im Raum und man hörte nur meine Striche durch die Namen aller Kandidaten weithin schallen. Als ich dann aus der Kabine kam, richteten sich alle Blicke auf mich und beim Versuch, meinen Zettel in die Urne zu bringen, zitterte mir die rechte Hand so stark vor Aufregung, dass ich erst nach mehrmaligen vergeblichen Versuchen den Schlitz in der Wahlurne traf. Ich war über die Stärke meiner körperlichen Reaktion überrascht. Ich bin vor Angst fast gestorben, sagte ich hinterher. Im Übrigen bekam ich später keine Konsequenzen dieser Gegenstimmabgabe zu spüren. Den Ausdruck in den Gesichtern der Leute, die als Wahlkommission hinter den Tischen saßen, habe ich bis heute nicht vergessen: Sie waren persönlich beleidigt darüber, dass sich da eine so sichtbar das Recht einer Wahl genommen hatte.

Man musste wahrscheinlich etwas offen Konfrontatives tun, um auch die Angst als offenkundige Größe zu erleben. Ich bin deswegen heute misstrauisch Leuten gegenüber, die noch heute sagen, sie hätten zu DDR-Zeiten nie Angst gehabt. Entweder waren sie auf der machtgeschützten Seite oder sie schützen sich bis heute davor, sich dieser Angst zuzuwenden oder sie haben eben nie etwas getan, das sie mit der Macht in Konfrontation hätte bringen können.

Das für mich besonders Nachdenkenswerte besteht nun darin, dass diese partielle Blindheit aus Selbstschutz natürlich auch in andere Bereiche des Lebens hineinwucherte, was im Beruf des Psychiaters und des Psychotherapeuten besonders nachteilig zu Buche schlägt. Mit dieser Blindheit im Beruf meine ich so etwas wie Unsensibilität an entscheidenden Stellen, ein Nicht-Fühlen und Nicht-Hinsehen, gerade dort, wo es dringend geboten wäre.

Paul Parin spricht im Zusammenhang mit dem Nationalsozialismus von der teilweisen Blindheit der Menschen, die einerseits die Machthaber vor durchdringenden Blicken schützte und andererseits die Menschen davor bewahrte, sich im Rückblick selbst als Mittäter zu erkennen.

Einige von uns sind mit dieser Blindheit bis auf den heutigen Tag geschlagen.

Ich möchte folgende These wagen: Unter den Deutschen gibt es so etwas wie eine Tradition oder sogar Kultur der Unterdrückung von Angst. Diese wird in der Erziehung untermauert und erzeugt dann eine Seelenblindheit, die von Generation zu Generation – mindestens in diesem Jahrhundert – weitergereicht wurde und wird. Der gleiche Prozess spielt sich in der beruflichen Tradition ab.

Ich möchte dies anhand meiner eigenen beruflichen Entwicklung aufzeigen. Als Psychologe, Psychotherapeut und Psychiater arbeitet man in ganz besonderer Weise an einer Schnittstelle in der Gesellschaft. Daraus ergibt sich für die therapeutischen Arbeit eine besondere Verantwortung und ein besonderer Anspruch an mich selbst: Neben meiner therapeutischen Qualifikation habe ich auch über die krankmachenden Bedingungen in der Gesellschaft nachzudenken, sowie über die Traditionen und die blinden Flecken meines Fachgebietes. Wie bin ich diesen Ansprüchen gerecht geworden?

Ich habe von 1970 bis 1975 unter beträchtlichen Anpassungsqualen an der Humboldt-Universität Psychologie studiert. Gleich im ersten Studienjahr wurden die männlichen Kommilitonen gezwungen, sich als Reserveoffizier der NVA zu verpflichten. In den ML-Seminaren oder den FDJ-Versammlungen habe ich in dieser Nach-68er-Restaurationszeit grundsätzlich so gut wie nichts gesagt. In den ML-Prüfungen habe ich die geforderten Plattitüden heruntergeleiert. Ich wollte, nachdem ich 1968 wegen einer Wandzeitung beinahe von der Schule geschmissen wurde, nicht exmatrikuliert werden; ich wollte unbedingt das Studium abschließen, um dann in der Arbeit »das Eigentliche« zu tun, mit Patientinnen und Patienten an ihrer Selbstfindung zu arbeiten. Während dieser Durststrecke habe ich kaum nach links oder rechts geschaut, war mit Durchhalten und meiner gerade geborenen Tochter beschäftigt, sodass mir auch der so lehrreiche Blick zurück nicht in den Sinn kam. In keinem einzigen Studienfach wurden wir mit der Geschichte der Psychologie oder der Psychiatrie während der Zeit des Nationalsozialismus konfrontiert. Dozenten und Studenten schienen den Mythos des Beginns einer neuen Zeit mit dem Beginn der DDR geteilt zu haben. Selbstverständlich wussten wir alle über die Verbrechen an Menschen Bescheid, die gerade auch in der Psychiatrie begangen wurden, doch es wurde kein konkreter Bezug hergestellt zu den konkreten Orten, an denen wir uns aufhielten und zu den konkreten Personen, die uns vorausgegangen waren. Neben der scharfen politisch-moralischen Verurteilung gab es keine direkte Beschäftigung mit den Details von Verfolgung und Gewalt. Wenn etwas so unkonkret bleibt, bleibt es verschwommen. Es berührt nicht die sinnliche Wahrnehmung und es schärft nicht die Sinne für die Gegenwart.

In Ulfried Geuters auch erst 1984 in der Bundesrepublik erschienenem Buch *Die Professionalisierung der deutschen Psychologie im Nationalsozialismus* kann man nachlesen, welchen Schub an fragwürdiger Professionalisierung die deutsche Psychologie während der NS-Zeit erfuhr, wie das Fach Psychologie durch die Judenverfolgungen ein Drittel seiner Ordinarien verlor und wie später zum Beispiel die Mitarbeit in der Wehrmachtspsychologie zu einem qualifizierenden Kriterium für eine Berufung an einen Lehrstuhl für Psychologie wurde.

1975 begann ich im Fachkrankenhaus für Neurologie/Psychiatrie Berlin-Lichtenberg, genannt »Herzberge«, als Psychologin zu arbeiten. Auch hier setzte sich meine Seelenblindheit fort, auch hier habe ich mich nicht tiefer auf die Geschichte dieses Hauses eingelassen, obwohl der Gestank dieses Jahrhunderts in den Gemäuern bis heute fest eingefressen ist. Stefan Wolf hat dieses Jahr versucht, die Geschichte des Krankenhauses Herzberge in den Jahren von 1933 bis 1945 aus noch spärlich vorhandenen Akten zu rekonstruieren. Ich will nur schlaglichtartig einiges daraus anführen:

1934 trat »das Gesetz zur Verhütung erbkranken Nachwuchses«, zur Zwangssterilisation in Kraft. Allein 1934 wurden in Berlin 1.354 Männer und 1.181 Frauen zwangssterilisiert, über die Hälfte davon auf Antrag der Anstaltsleiter der Nervenkliniken, also der Ärzte, die an der Spitze der Ärztehierarchie eines psychiatrischen Krankenhauses standen. Über die Ausführung dieser Anträge entschied das Erbgesundheitsgericht und befürwortete sie fast ausnahmslos. Rudolph Thiele, wahrscheinlich ab ca. 1934 bis 1938 ärztlicher Direktor von Herzberge, war Mitglied des Berliner Erbgesundheitsobergerichtes und somit direkt an diesen Befürwortungen beteiligt. Von 1938 bis 1949 hatte er dann den Lehrstuhl für Psychiatrie in Greifswald inne. 1949 erhielt er trotz seiner Mitgliedschaft in der NSDAP und fünf weiteren Naziorganisationen den ehemaligen Lehrstuhl Bonhoeffers an der Charité und scheint so an der Ausbildung der jungen Psychiatergeneration der DDR mitgewirkt zu haben.

Im August 1939 fand ein Vorbereitungstreffen der Euthanasie-Planer statt. Zu den Teilnehmern gehörten die leitenden Ärzte der Berliner Anstalten. Sie müssen den geplanten Tötungsaktionen zugestimmt haben, denn einen Widerspruch aus Kreisen der Teilnehmer gab es nicht. Der damalige ärztliche Leiter von Herzberge und Nachfolger von Thiele muss den Sinn der ab Oktober 1939 verschickten Patientenmeldebögen als bürokratischen Vorlauf zum Euthanasie-Programm also genau gekannt haben. Aber auch anderen aufmerksamen Psychiatern wird der Zweck dieser Meldebögen nicht verborgen geblieben sein, zumindest beim folgenden Abtransport der Patienten, von denen sie nicht zurückkehrten. Der genaue Umfang der Sammeltransporte von Patienten aus Herzberge ist aus den bisher gesichteten Akten nicht zu entnehmen. Sicher ist, dass es mehrere gab und dass die meisten in die berüchtigte Vernichtungsanstalt Meseritz-Obrawalde führten.

Ich zähle diese quälenden Fakten so umfangreich auf, weil ich sie erst jetzt in ihren peinigenden Details zur Kenntnis genommen habe. Ich hätte aber nur einige alte, chronisch kranke Patienten auf der damaligen Station 6.3. besuchen oder genauer in ihre Krankenakte schauen müssen. In der Krankenakte von Frau S.

hätte ich eine sehr lange Exploration der Patientin durch Professor Leonhard aus dem Jahre 1970 finden können. Diese 1906 geborene Patientin war 1934 wegen Schizophrenie zwangssterilisiert worden. Die Patientin litt nun seit dem Kriegsende unter dem »Wahn«, dass bei der Unterleibsoperation 1934 eine Geldbörse in ihren Bauch versenkt worden wäre, dazu verschiedene Tiere und Unrat. Prof. Leonhard explorierte sie auf das Genaueste über ihre Symptomatik, um dann die Diagnose »kombinierte hypochondrisch-konfabulatorische Paraphrenie« zu stellen. Das real erlittene Trauma der Patientin findet weder im Gespräch mit ihr noch in der Diagnosestellung die geringste Beachtung oder Erwähnung, noch hatte es irgendwelche Auswirkungen auf ihre Therapie.

Ich hätte dies also längst wissen können. Das Schaudern, das mich beim Gehen durch die schönen Parkanlagen dieses Krankenhauses ergriffen hätte, wäre heilsam gewesen für meine Arbeit. Wenn wir die Geschichte und die Signale des Unbewussten auch nur einigermaßen ernst nehmen, werden wir verstehen, warum psychisch kranke Patienten bei Krankenhauseinweisung gegen ihren Willen voller Angst und Aggression um sich schlagen.

Blindheit im Beruf: Als Psychiater und Psychotherapeuten in Deutschland sind wir auch diejenigen, die nach den Tätern kommen, die ihre Patienten zur Zwangssterilisation und zur Tötung anmeldeten. Auch diesem Erbe haben wir uns zu stellen.

Wie ging es dann in der DDR weiter? Die Chronik von Stefan Wolf endet 1945. Wie sah es nach 1945 in Herzberge aus? Wie wurde die psychiatrische Versorgung organisiert und welche Leute wirkten an ihr mit? Gab es Trauer, gab es Reflexion über das Vergangene, gab es das zudeckende Schweigen? Ich weiß es nicht.

Als ich 1975 in das Krankenhaus kam, kam ich in eine Klinik, die begann, sich sozialpsychiatrisch zu orientieren. Es arbeiteten hier unter schlechten äußeren Bedingungen und bei schlechter Bezahlung – besonders der Krankenschwestern und Pfleger – neben sehr engagierten Kolleginnen und Kollegen auch bequeme und zynische wie wohl überall auf der Welt. Es gab Kollegen mit dem Parteibuch der SED und solche mit christlichem Hintergrund. Es gab intensives Nachdenken über Therapiemethoden und Selbstreflexion und es gab auch die Abwesenheit von beidem – und dies unabhängig von der weltanschaulichen Orientierung. In der Arbeitsgruppe der Psychologen erfuhr ich viel kollegiale Solidarität und Freundschaft.

Den Patienten war nach der stationären Behandlung fast in jedem Fall der Arbeitsplatz sicher, die Wohnung sowieso. Aber es gab auch chronisch kranke Patienten, die das Krankenhaus überhaupt nicht mehr verlassen konnten – zu ihnen gehörte Frau S., deren Schicksal ich oben beschrieben habe. Ob sie nicht eher an der chronischen Seelenblindheit ihrer Behandelnden krankte? Und es gab das Haus 9, in dem schwer behinderte Kinder und Jugendliche unter teilweise nicht tragbaren Umständen für sie und das Personal leben mussten.

Das psychiatrische Krankenhaus als Spiegel der Gesellschaft. Wir wussten alle, dass es in diesem Arbeiter- und Bauern-Staat gravierende gesellschaftliche Widersprüche gab und viele Menschen unter traumatisierenden Bedingungen lebten. Durch unsere Patientinnen und Patienten wurden wir jeden Tag damit konfrontiert. Ich wusste, dass es eine höchst ungerechte Verteilung des gesellschaftlichen Einkommens und ungerechte Privilegien gab. Ich wusste von menschenunwürdigen Bedingungen im Strafvollzug und bei der Armee. Wir wussten alle, dass viele Menschen aus verschiedenen Gründen unbedingt aus der DDR heraus wollten und nicht konnten. An diesen Punkten begannen sich die Geister zu scheiden. Es gab Kollegen, die sich in jedem Fall vor ihre Patienten stellten und versuchten, sie vor dem Zugriff der Staatsmacht – in welcher Form auch immer – zu schützen und es gab Kollegen, die aus ideologischen Gründen oder aus Gründen ihrer nicht reflektierten Angst oder weil sie selbst in der DDR ausharrten, meinten, dass man eben zur Armee müsse oder dass neurotische Patienten mit Ausreiseantrag keine Psychotherapie mehr erhalten sollten. Psychiater konnten in die Situation kommen, über die Zurechnungsfähigkeit von »Republikflüchtigen« zu entscheiden. Die Diagnose »zurechnungsfähig« hieß die Mitwirkung an einem Urteil über einen Menschen, das in die Haft führte. Unzurechnungsfähigkeit führte in die Gerichtspsychiatrie.

Es ist eine Illusion, dass wir in einem so ideologisierten und bis in jede Ebene auf Wohlverhalten seiner Bürger ausgerichteten Staat Psychotherapie hätte machen können, die nicht in irgendeiner Weise hätte Stellung beziehen müssen zu dieser Ideologie und der hinter ihr stehenden Macht. Man kann nicht jagen mit den Hunden und laufen mit den Hasen – heißt es in einem spanischen Sprichwort. Man kann nicht beides gleichzeitig tun. Weder die Kollegin machte »reife«, d. h. machtunabhängige Psychotherapie, die einem psychisch Gesunden eine schwere Depression zuschrieb, damit er nicht zur Armee musste – noch der Kollege, der genau dies nicht tat. Für mich macht es aber einen Unterschied, ob man sich auf die Seite der Hasen oder die Seite der Hunde geschlagen hat. Die Blindheit einiger bestand dann darin, nicht mehr so genau darüber nachzudenken, wo man eigentlich anfing, herrschende gesellschaftliche Normen unreflektiert psychologisch zu untermauern, krasser gesagt: sich in die Meute der Hunde einzureihen, teilweise in dem

Wahn, doch nur ein Häschen zu sein, wie einige Ärzte in staatlichen Leitungsfunktionen oder die IMs[1] unter uns Therapeuten es getan haben.

Und zu der Hasenseite und zu mir selbst gesagt: Ich konnte mit den meisten Patientinnen und Patienten in meinem Therapiezimmer qualifizierte Therapie machen und fühlte mich relativ frei von staatlichen Eingriffen und Kontrollen. Aber das sehr redliche Arbeiten mit dem einzelnen Individuum stieß doch auf eng gezogene Grenzen. Irgendwann hätte man dann eben öffentlich die Verhältnisse in der Armee benennen müssen oder die in der Volksbildung, die uns so viele psychotherapiebedürftige Lehrerinnen und Lehrer beschied. Individuell, in den Elternversammlungen meiner Tochter habe ich dies getan oder im Gespräch mit dem Direktor einer Patientin. Aber vor den ganz offenen und öffentlichen Konfrontationen und Kämpfen hatte ich Angst. Was hat uns sonst davon abgehalten, in einer dieser stinklangweiligen und schweigenden Belegschafts- oder Gewerkschaftsversammlungen über diese Themen zu reden? Wenn wir die Angst genauer gespürt hätten und sie ernster genommen hätten, wären wir vielleicht mutiger gewesen. Ich glaube (frei nach Fassbinder), dass besonders die verdrängte Angst die Seele frisst.

Und wie hielten wir es mit der Staatssicherheit?

Herzberge war bis Ende der 70er Jahre Ausbildungseinrichtung für Fachärzte der Neurologie und Psychiatrie des MfS[2].

Außerdem wurden untere Chargen dieses Staatsorgans ebenfalls bis Ende der 70er in Herzberge behandelt, wenn sie psychisch erkrankten. Diese Patienten litten übrigens fast ausnahmslos an Verfolgungswahn.

1 Inoffizieller Mitarbeiter des Staatssicherheitsdienstes.

2 Ministerium für Staatsicherheit.

Zwei Chefärzte, die ich in Herzberge erlebte, waren nachweislich IMs. Beide haben noch zu DDR-Zeiten Selbstmord begangen.

Wer von uns hat die Ausbildungskandidaten des MfS gefragt, was sie nach ihrer Ausbildung eigentlich für Aufgaben zu übernehmen hatten?

Bei der Behandlung der psychisch kranken Stasimitarbeiter wurde darauf hingewiesen, dass sie in der Behandlung auch weiterhin unter Geheimhaltungspflicht über ihre Dienstaufgaben stünden. Damit wurde eine solche Behandlung zur Farce.

Mir selbst wurde die Ehre zuteil, die weitere Behandlung von Mitarbeitern des MfS verboten zu bekommen, nachdem ich der Oberärztin Dr. Weser vom MfS sehr heftig in der Frage der Diagnose einer Patientin widersprochen hatte. Frau Dr. Weser hatte diese Patientin, die aus der Arbeit beim MfS ausgeschieden war, als »hysterische Psychopathin« abqualifiziert. Nachdem ich ihr sehr deutlich gesagt hatte, dass ich meine Diagnosen selbst stellte und es sich eindeutig um eine depressive Neurose handle, wurde ich nur 15 Minuten nach diesem Telefonat zu meinem Chefarzt bestellt. Dieser, wie wir jetzt wissen, IM der Staatssicherheit, entzog mir mit sofortiger Wirkung die weitere Behandlung der Patientin und aller anderen, die von dort kämen gleich mit. In der darauf folgenden Auseinandersetzung versuchte er, mich für die Partei der Arbeiterklasse zu werben, weil ich nur so unter Beweis stellen könnte, nicht »linksradikal« zu sein. Ich habe die Patientin dann mehrmals – unter von ihr gewünschten konspirativen Bedingungen – außerhalb der Klinik getroffen, um die Trennung für sie wenigstens einigermaßen verträglich zu gestalten. Auch keine »reine« Psychotherapie.

In Herzberge war es also absolut unmöglich, die Allgegenwart der Stasi zu verdrängen. Halb vorbewusst waren wir uns auch klar, dass sie an die Akten kämen, wenn sie unbedingt wollten. So schrieben fast alle Kollegen nie politische Sachverhalte in die Krankengeschichten; dass aber gerade die psychodynamischen Einzelheiten interessant für die waren, haben wir versucht, nicht wahrzunehmen. Blindheit im Beruf.

Wir leben jetzt in der Bundesrepublik Deutschland. Wie geht es eigentlich den hauptamtlichen Ärzten der Staatssicherheit oder auch hochkarätigen IMs in ihren neuen Praxen? Wie wird in Herzberge über die Vergangenheit reflektiert? Gab es eine öffentliche Reflexion über die Verstrickungen mit der Staatssicherheit? Ich habe das Krankenhaus neben anderen Gründen auch deswegen verlassen, weil mich der jetzige ärztliche Leiter auf mein dienstliches Unterstellungsverhältnis hinwies, nachdem ich in einer Kirchenzeitung über die Stasiverwicklungen im Krankenhaus gesprochen hatte. Ich hätte es auch schwer ertragen, ehemalige Parteimitglieder beten zu sehen, nachdem die Trägerschaft für das Krankenhaus an die Diakonie ging.

Es gibt auch jetzt genug Gründe zur Angst und nicht nur die, die aus dem Erbe der DDR kommen.

Die Macht der Pharmakonzerne z.B. ist ebenfalls nicht von Pappe; beängstigend ist auch ein nach kommerziellen Interessen ausgerichtetes Gesundheitssystem, in dem seit Neuestem die geplante Selbstbeteiligung bei der Bezahlung von Psychotherapie und die Budgetierung der Ausgaben für dieses Fach die rein biologisch-organische Betrachtungsweise in der Medizin enorm favorisieren – auf Kosten eines Ansatzes, der die Krankheit des Individuums mehrdimensional erfasst und so auch die gesellschaftlichen Ursachen im Auge behält. Ich wünsche mir und uns allen den Mut zur Angst, damit wir handlungsfähig bleiben und unsere Seele auch jetzt nicht gefressen wird.

Dezember 1993

Literatur

Geuter, U. (1988): Die Professionalisierung der deutschen Psychologie im Nationalsozialismus. Frankfurt a. M. (Suhrkamp).

Parin, P. (1990): Der nationalen Schande zu begegnen. In: Parin, P.: Noch ein Leben. Freiburg (Kore).

Wolf, S. (1993): Das Krankenhaus Herzberge in den Jahren 1933–1945. Unveröffentlichtes Manuskript.

Psychoanalytische Reflexionen zur Funktion der Stasiunterlagen-Behörde

Als ich versuchte, mich diesem Thema zu nähern, hatte ich gegen heftige Widerstände zu kämpfen: »Es ist alles dazu gesagt«, »Wen interessiert das noch?«, »Warum willst Du Dich schon wieder mit der Stasi befassen?«, waren nur einige der inneren Widerreden, die in mir abliefen. In unserer Gruppe »Gesellschaft und Psychoanalyse« an der A.P.B.[1] reflektierten wir, dass dies typische Widerstände seien, die sich der Beschäftigung mit traumatischem Material entgegenstellen.

Ich machte mir bewusst, dass ein Viertel der Patienten, die zurzeit in meiner psychotherapeutischen Praxis in Behandlung sind, direkt oder indirekt mit Maßnahmen der Staatssicherheit gegen sie oder gegen ihre Familienangehörige konfrontiert waren. D.h. nicht, dass sie jetzt allein deswegen therapeutische Hilfe gesucht hätten, aber ihr Leben wurde davon entscheidend beeinflusst und geprägt. Trotzdem möchte ich hier nicht über diese Patienten sprechen, nicht im öffentlichen Raum über ihre privaten und intimen Erlebnisse reflektieren. Dies würde in meinem Erleben ein erneutes Eindringen in ihre

1 Arbeitsgemeinschaft für Psychotherapie und Psychoanalyse Berlin.

private Sphäre, eine erneute Verletzung von schützenden Grenzen darstellen. Dass ich dies so überdeutlich empfinde, ist meine Gegenübertragung, deren eine Facette von meinen eigenen Erfahrungen mit der Staatssicherheit geprägt ist.

Nach längerem Nachdenken habe ich daher beschlossen, mich erneut über persönliche Reflexionen des eigenen Erlebens dem traumatischen Material zu nähern, auch in der Hoffnung, die Art und Weise der Veröffentlichung solchen Materials selbst bestimmen und kontrollieren zu können.

Ich zitiere aus meiner Staatssicherheitsakte:

> »Hauptabteilung XX, Berlin den 12.11.1982:
>
> Information zu operativ-interessanten Verhaltensweisen des ČSSR-Bürgers F. (OPK ›Ausländer‹) zum Tod Leonid I. Breschnews.
>
> Inoffiziell wurde erarbeitet, daß das Ableben des Genossen Breschnews von F. ohne jegliche menschliche Anteilnahme hingenommen werde. Nach persönlichen Äußerungen des F. komme der Tod nicht plötzlich, da er für ihn in der letzten Zeit ›ein alter kranker Mann‹ war. Dadurch erwartet F. auch keine großen Veränderungen in der Führung des KPdSU und Sowjetstaat, da die politischen Entscheidungen krankheitshalber sowieso nicht mehr von Genossen Breschnew wahrgenommen werden.
>
> Die zu dem Ableben von Genossen Breschnew geführten Unterhaltungen in der Familie F.-Simon verliefen in eindeutiger Ablehnung der Erfolge des Genossen Breschnew in der Erhaltung des Weltfriedens. So äußerte sich die 10jährige Tochter des F., daß ›es nun nach dem Tod des Breschnew blöd werde, weil man nicht weiß, welcher Ochse danach kommt‹.

> In einem persönlichen Gespräch zwischen der Ehefrau des F., der Annette Simon, mit ihrer Mutter in den Nachmittagsstunden des 11.11.1982, wurde sich in keiner Weise zum Ableben des Genossen Breschnew geäußert, obwohl beide zu diesem Zeitpunkt Kenntnis davon hatten.«

»Was haben wir gelacht« – wie oft habe ich das gehört, nachdem Menschen ihre Akte gelesen hatten. Speziell über diese Seite unserer Akte haben wir im Familienkreis gekreischt vor Lachen. Worüber eigentlich? In erster Linie darüber, dass dieser Spuk nun vorbei ist, dass trotz des akribischen Sammelns von Informationen, die sie nichts angingen, das ganze System der Staatssicherheit zusammengebrochen ist. Ein narzisstischer Triumph. Wir lachten über die normative Anmaßung, dass wir über den Tod von Breschnew zu trauern hätten. Wir lachten über die deutliche Art meiner Tochter, über das Auseinanderklaffen der Familienwelt mit der Welt der Staatssicherheit und über den unwahrscheinlich hohen Aufwand, den sie getrieben hatten, nur um zu erfahren, was sie sowieso wissen konnten. Man kann im Nachhinein schadenfroh darüber sein, dass die allumfassende Gesinnungskontrolle der Staatssicherheit nur bewiesen hat, dass wir anders fühlten und dachten, als sie meinten, dass wir es tun müssten. Gerade dies rechtfertigte damals aber die weitere Aufrechterhaltung der verfolgenden Maßnahmen gegen uns. Was also ist daran eigentlich wirklich lustig?

In seiner Arbeit *Der Witz und seine Beziehung zum Unbewußten* führt Freud den Wirkungsmechanismus eines Witzes auf den Lusterwerb zurück. »Die Lust, die er erzeugt, können wir alle Male von Ersparung von psychischem Aufwand ableiten« (1905, S. 130). Welchen psychischen Aufwand ersparen wir uns durch das Lachen über diesen Stasitext und vielleicht auch in solchen Filmen wie *Sonnenallee*, *NVA* oder bei den Ostalgie-Shows?

Wenn man genauer darüber nachdenkt, sollte einem das Lachen im Halse stecken bleiben. Woher wussten die hauptamtlichen Mitarbeiter der Staatssicherheit von den »persönlichen Äußerungen« F.s, vom Ausspruch meiner Tochter, von meinem »persönlichen« Gespräch (wie fein diese Leute dauernd das Wort »persönlich« einflechten) mit meiner Mutter? Unser Telefon wurde abgehört – das haben wir damals schon angenommen, allerdings nicht gewusst, in welchem Ausmaß. Es ist relativ unwahrscheinlich, dass mein Mann sich am Telefon über den Tod von Breschnew ausgelassen hat. Also – wo dann? Auf seiner Arbeitsstelle, in unserem Haus? Oder – welcher IM hat dies berichtet? Frau M. von unten hatten wir schon in Verdacht. Wo hat meine Tochter diesen geradlinig-frechen Ausspruch getan: in der Schule auf dem Pausenhof? Und wer hat darüber berichtet? Der Inhalt des »persönlichen« Gesprächs zwischen mir und meiner Mutter kann eigentlich nur durch direktes Abhören gewonnen worden sein. Oder saß jemand dabei an diesem Nachmittag des 11. November 1982?

Die Staatssicherheit hatte 1982 schon erfüllt, was George Orwell 1949 in seinen hellsichtigen Visionen über das Jahr *1984* konstruiert hatte: »Es bestand natürlich keine Möglichkeit festzustellen, ob man in einem gegebenen Augenblick gerade überwacht wurde. Wie oft und nach welchem System die Gedankenpolizei sich in einen Privatapparat einschaltete, blieb der Mutmaßung überlassen« (Orwell 1949/1966, S. 6). Wenn das Lachen vorbei ist, kommt man ins Grübeln. Es entsteht eine paranoide Stimmung, aus der man sich manchmal nur schwer lösen kann, zumal unsere eigentliche Akte am 1. Dezember 1989 vernichtet wurde – das Protokoll dieser Vernichtung existiert. Was trotzdem übrig geblieben ist, sind die Zusammenfassungen der Berichte, die sich in einer Zwischenablage befanden. Wir werden nie mehr erfahren, aus welchen Quellen genau die Informationen des oben zitierten Eintrages geschöpft wurden.

Längere Zeit nach dem Lesen dieser übrig gebliebenen Seiten unserer Akte im Jahr 1991 hatte ich die Fantasie, dass der Mann, der die Operative Personenkontrolle OPK »Ausländer« gegen uns eingeleitet, die IM geführt und den »Zersetzungsplan« erstellt hat, dass dieser Mann mir irgendwo in der S-Bahn gegenüber sitzt. Generalmajor Kienberg – sein Name sei hier bewusst genannt – weiß, wie ich aussehe, genügend Fotos von mir sind in die Akte eingegangen; ich weiß nicht, wie er aussieht. Ich kenne inzwischen seinen und andere Namen der hauptamtlichen Mitarbeiter, nicht aber ihre Gesichter. Er und sie blieben von jeglichen Strafmaßnahmen unbehelligt. Meine Wut nach dem Lesen der Akte richtete sich gegen Personen, die mein Vertrauen hintergangen hatten, gegen die IM. Herr Kienberg hat von dieser Wut bisher zu wenig abbekommen. Sollte ich nicht einmal seine Adresse herausfinden und an seiner Tür klopfen?

Meine Reaktionen auf eine einzige Aktenseite lassen erkennen, wie brüchig der Boden wird, auf dem man steht, wenn man sich in dieses paranoide System hineinbegibt und wie merkwürdig das Gefühl wird, wenn man sich nicht erinnern kann, sich zur Zeit der DDR mit ausschweifenden paranoiden Gedanken beschäftigt zu haben. Damals wären sie voll und ganz berechtigt und realitätsadäquat gewesen. Nur durch die Verdrängung oder Verleugnung der verfolgenden Maßnahmen und der allgegenwärtigen Bespitzelung und damit der Angst konnte man sich einigermaßen psychisch gesund erhalten. Die Reflexion der Abwehr auf der rein individuellen Ebene greift aber meines Erachtens zu kurz. Man sollte nicht vergessen, dass die DDR ein Land mit einer sehr realen Mauer um es herum war, an der wirklich geschossen und getötet wurde (765 Tote werden geschätzt) und in der es ca. 300.000 politische Häftlinge gab.

Mario Erdheim fragt in seinem Buch *Die gesellschaftliche Produktion von Unbewußtheit* (1984, S. 416): »Wie reagiert der Menschen auf Gewalt? Er kann seiner Angst nachgeben und sich der Gewalt durch Flucht entziehen« (wie es ca. 5,2 Millionen Menschen von 1949 bis zum ersten Halbjahr 1990 getan haben – dies entspricht etwa der Einwohnerzahl Finnlands im Jahr 1985, vgl. Wendt 1991) »oder sich ihr kämpfend dagegenstellen« (wie es eine kleine oppositionelle Minderheit tat), »er kann sich ihr beugen, das tun, was der Gewalthaber von ihm fordert, aber auf Rache sinnen [...]; er kann sich jedoch auch nur den Anschein geben, als ob er den Befehlen Folge leisten würde, sie aber in Wirklichkeit sabotieren« (jeder/jede Teilnehmer/in an einer Gewerkschafts- oder Parteiversammlung wird sich gut daran erinnern, so er sich denn erinnern will), »und schließlich kann er sich unterwerfen und mit dem Angreifer identifizieren« (wie Generalmajor Kienberg es getan hat, der selbst zum Angreifer wurde).

Zum Verständnis der umfassenden Verdrängung der erlittenen Gewalt in der DDR tragen auch die von Paul Parin beschriebenen Anpassungsmechanismen bei. Diese dienen der unbewussten Einstellung auf die Gesellschaft, in der man lebt. »Anpassungsmechanismen nenne ich im Ich des Erwachsenen mehr oder weniger fest etablierte Mechanismen, die unbewusst, automatisch und immer wieder gleich ablaufen, gerade so wie es bei den Abwehrmechanismen beschrieben ist.« »[Sie] haben [...] den Zweck, mit eingreifenden Einflüssen der sozialen Umwelt fertig zu werden« (Parin 1983, S. 78). Die ins gesellschaftliche Unbewusste des Einzelnen abgedrängten Inhalte sind dabei nicht nur Triebe, Fantasien u.Ä., sondern auch Wahrnehmungen der äußeren Realität. Im Zusammenhang mit dem wissenschaftlichen Denken bemerkt Freud, dass es das Bestreben dieses Denken sei, die Übereinstimmung mit der Realität zu erreichen. »D. h. mit dem was außerhalb von uns, unabhängig von uns besteht und [...] für die Erfüllung oder Vereitelung unserer Wünsche maßgebend ist. Diese Übereinstimmung mit der realen Außenwelt heißen wir Wahrheit« (Freud 1933, S. 597).

Bestimmte Wahrnehmungen der äußeren Realität der DDR, bestimmte Wahrheiten wie die allgegenwärtige staatliche Kontrolle und Gewalt sowie die Angst davor und die Aggression dagegen wurden meines Erachtens mit diesen Anpassungsmechanismen bewältigt. Wenn wir heute über die Texte und die Sprache der Staatssicherheit in den Akten lachen und über den komischen Jugendlichen im Film *Sonnenallee*, der nicht von der Kugel des Grenzsoldaten getötet wird, weil er seine Lieblingsplatte am Leib trägt, dann lachen wir, um uns nach Freud den psychischen Aufwand zu ersparen, den die Gefühle von Angst, Ohnmacht, Scham und Aggression in uns auslösen könnten. Wir erleben dabei die Umdeutung von erlittener Gewalt, von zwangsläufiger Unterwerfung unter diese Gewalt und die damit einhergehenden Gefühle von Angst und Scham in eine Art von witzigem Stolz. Das Lachen ist nach dem Ritt über den Bodensee allemal legitim, aber es erspart uns auch die tiefere Auseinandersetzung mit den Anpassungsmechanismen, denen wir unterlagen. »Fällt der Zwang zur automatischen Anpassung weg, so erhält das Ich – nach Überwindung einer Phase der Erschütterung – neue Möglichkeiten, sich zu organisieren.« Und: »daß die Anteile des Über-Ichs, die mit den Sozialbeziehungen zusammenhängen, einer Neubearbeitung offenstehen« (Parin 1983, S. 82). Aber: »Bevor das Ich sich auf seine ursprünglichen Bedürfnisse besinnen kann, muß es seine Angleichung erst rückgängig machen, die Autonomie zurückgewinnen, mehr Angst aushalten, den Aufwand, den jede Autonomie erfordert, verstärken« (Parin 1983, S. 118). Dies sind, psychoanalytisch und idealtypisch formuliert, die wichtigsten Funktionen des »Bundesbeauftragten für die Unterlagen des Staatssicherheitsdienstes der ehemaligen DDR«, der im allgemeinen Sprachgebrauch mit den Personennamen belegten »Gauck-«, jetzt »Birthler-Behörde«.

Diese Behörde entstand als ein Ergebnis der friedlichen Revolution, in der viele der oben genannten Anpassungsmechanismen infrage gestellt oder sogar abgeworfen werden konnten. Es war ein allgemeines Anliegen der Mehrheit der DDR-Bevölkerung, das wichtigste Instrument der Repression, die Staatssicherheit, zu zerschlagen und der gesammelten Informationen habhaft zu werden, um so auch die Verfügungsgewalt über das eigene Leben zurückzugewinnen. Die ursprüngliche Forderung: »jedem seine Akte« wurde nicht erfüllt, aber durch die Einrichtung dieser Behörde wurde es in der Nach-DDR als damals einzigem Land im Ostblock möglich, sich Zugang zu diesem Material zu verschaffen. Dies ist eine kulturelle Leistung, die angestoßen von der DDR-Bevölkerung mit westdeutschen Behörden-Knowhow auch eine gesamtdeutsche Errungenschaft ist, auf die wir gemeinsam stolz sein können. Die Behörde hat unter anderem die Funktion, als Aufbewahrungs- und Verwaltungsort für das Paranoide zu dienen, also der geschehenen Verfolgung einen Ort zu geben, an dem wir sie mit einer gewissen Distanz ansehen können. Sie hat damit auch eine triangulierende Funktion zwischen Verfolgern und Verfolgten. Im Idealfall kann das Studium der Akten zur Wahrnehmung von Abwehr- und Anpassungsmechanismen führen, die über das gesellschaftliche Unbewusste der DDR Aufschluss geben.

Was findet nun der oder die Einzelne in seiner Akte? Er kann die gegen sich gerichteten Zersetzungspläne und deren Befolgung oder Nichtbefolgung durch hauptamtliche und inoffizielle Mitarbeiter der Staatssicherheit lesen. Er erfährt von den gegen sich gerichteten Fantasien und Maßnahmen wie das Abhören des Telefons, die Durchsuchungen der Wohnung in Abwesenheit, das Öffnen der Post, den Versuch der Durchsetzung des Freundeskreises mit IM usw. Der Aktenleser ist Objekt eines Angriffs gewesen und es gab schwere Verletzungen und Übergriffe auf seine Privatsphäre und seine persönliche Integrität. So hat z. B. ein geschiedener Ehemann mithilfe der Stasi versucht, seiner Frau das Erziehungsrecht für das gemeinsame Kind entziehen zu lassen. Oder: Eine Geliebte wurde von der Stasi auf einen Mann angesetzt; oder: Es wurden berufliche Hürden errichtet, die jemanden an der Weiterentwicklung im Beruf schwer behinderten und die er bisher immer nur auf sein persönliches Versagen zurückgeführt hatte.

Wer dies nun zur Kenntnis nimmt, kann sich einerseits eventuell in seinen Ängsten bestätigt fühlen und eine große Entlastung spüren über die Berechtigung seiner Gefühle und auch darüber, dass dies nun vorbei ist, dass ein solch mächtiger Apparat kapitulieren musste. Das kann etwas euphorisch machen und Triumphgefühle auslösen, die auch in dem Lachen darüber mitschwingen.

Andererseits gehen die versuchten und auch gelungenen Verletzungen aller Art nicht nur an einem vorbei. Selbst wer keine schweren Eingriffe in sein Leben zu erdulden hatte, erfährt aus der Akte auch gesammelten Klatsch und Tratsch. Diese unter einem böswilligen Fokus und mit Entwertungen gespickten Informationen über sich würde man sonst nie in schriftlicher Form zu Gesicht bekommen. Die Fremdwahrnehmung nimmt eine quasi-objektive Gestalt an und man hat sich mit ihr auseinanderzusetzen – u.a. auch mit den Wahrnehmungen und Projektionen, die andere auf einen hatten. Hat Freund X im Jahr 1984 tatsächlich gesagt, wie ein IM berichtet, dass man immer noch von seinen Eltern abhängig sei? Hat Freundin Y wirklich bemerkt, dass man immer unter dem Pantoffel seiner Frau stehe und ein schrecklicher Geizhals sei? Das sind schon Sätze, die einen Aktenleser weiterverfolgen können, zumal in mancher üblen Nachrede auch ein Körnchen Wahrheit steckt, das man gerne von seiner Selbstwahrnehmung ausgeschlossen hätte.

Es erfordert Mut und persönliche Integrität, sich dem verfolgenden und grenzüberschreitenden Texten zu stellen und sie können auch neue Abwehr erzeugen. Einige Menschen haben sich bewusst dazu entschlossen, ihre Akte nicht anzufordern und einzusehen.

Ob diese vergangenen und in den Akten nachzulesenden Verletzungen traumatisierend wirkten oder noch im Nachhinein eine traumatisierende Wirkung entfalten, hängt – wie wir alle wissen – von der Vorgeschichte der betreffenden Person, ihrer Persönlichkeit und ihrer gegenwärtigen Situation ab. Es gibt Menschen, die nach dem Lesen der Akten zusammenbrechen bzw. in psychische Ausnahmezustände geraten, hypomanisch-unruhig die Straßen durchwandern oder schwere Schlafstörungen und depressive Syndrome entwickeln. Was sie unter anderem umtreibt, ist der oft erlebte, schwere, klandestine Vertrauensbruch und die Frage nach der Wirklichkeit und Wahrheit der eigenen Wahrnehmung. Was ist Wahrheit und Wirklichkeit? Das, was man erlebt und reflektiert hat oder das, was man jetzt aus den Akten erfährt? Es entstehen Gefühle von Realitätsdiffusion, überbordendes Misstrauen gegen andere und sich selbst. Sich aus dieser paranoiden Welt wieder zu befreien, braucht manchmal auch die Hilfe durch einen Psychotherapeuten.

Und ich finde es wichtig, wenn dieser Psychotherapeut nicht nur einen Blick für die persönliche Geschichte des Patienten hat, sondern auch ein Gespür für die Geschichte der DDR und die Anpassungsmechanismen, die in ihr wirkten. Es war ein sehr bedeutsamer Moment in meiner Lehranalyse, als der Analytiker mein Lamento über mein immerwährendes Misstrauen in Beziehungen damit unterbrach, dass ich doch wohl alle Gründe der Welt gehabt hätte, misstrauisch zu sein. Die Anerkennung real traumatisierender gesellschaftlicher Umstände ist ungemein wichtig, um sich freier der inneren Welt mit ihren Widerspiegelungen und Verzerrungen widmen zu können.

Mein Nachdenken über die Funktion der Gauck-Behörde wurde ursprünglich von einem Vortrag von Vera Kattermann an unserem Ausbildungsinstitut angeregt, die über ihr Forschungsprojekt über die »Kommission zur Wahrheit und Versöhnung« in Südafrika gesprochen hatte. Sie wies unter anderem darauf hin, dass diese Kommission eine ganz wichtige Funktion für den Entwurf einer neuen Gesellschaft in Südafrika hatte und hat. Unter anderem durch die Arbeit dieser Kommission sollten Schwarz und Weiß so weit versöhnt werden, dass sie friedlich miteinander in einem Staat leben können, dass eine neue nationale Einheit hergestellt werden könne. Dabei liefen die öffentlichen Sitzungen als ritualisiertes Drama ab, das einen breiten Raum in den Medien hatte. Die Schilderungen der Opfer der Apartheid wurden eingebettet in kollektive Wahrnehmung und Zuwendung sowie in die Religion. Die Täter hatten sich, so sie amnestiert werden wollten, vor den eigens für sie eingerichteten Gremien zu ihren Taten zu bekennen; sie hatten ihr Gesicht zu zeigen. Diese beiden Elemente der Auseinandersetzung mit der Vergangenheit sollten eine quasi nationaltherapeutische Wirkung entfalten (vgl. Kattermann 1998).

Hat die Stasiunterlagen-Behörde eine nationaltherapeutische Wirkung in Deutschland? Im Unterschied zur Zeit nach dem Zweiten Weltkrieg gab es auf beiden deutschen Seiten den Willen und die Kraft, sich der DDR-Vergangenheit stellen zu wollen. Ich denke, dass ohne die beidseitige nationalsozialistische Vergangenheit und den schwierigen und unterschiedlichen Erfahrungen mit ihrer Bewältigung, die Behörde nicht geschaffen worden wäre. Wir Deutschen versuchen, auch mit dieser Behörde aus der Geschichte zu lernen; das hat einen nationaltherapeutischen Aspekt. Im Unterschied zu Südafrika sitzt hier aber jeder Betroffene allein vor seiner Akte und ist nicht eingebettet in kollektive Wahrnehmung und Würdigung. Weder sind die hauptamtlichen Mitarbeiter strafrechtlich zur Verantwortung gezogen worden noch gibt es angemessene Entschädigungen für die erlittene Verfolgung. Und es kommt etwas hinzu, was der nationalen Einheit Deutschlands eher entgegenwirkt: Mit und durch die Behörde werden die Anpassungsmechanismen der DDR der Bearbeitung zugänglich, aber die Anpassungsmechanismen der anderen Seite, also der ehemals westdeutschen, nicht ins Blickfeld gerückt. So steht die ostdeutsche Seite nackt da, während die andere Seite bekleidet bleibt. Man kann ohne Zweifel sagen, dass das Ausmaß dieser anderen westdeutschen Anpassung um ein vieles geringer war und ist, weil die offene Machtausübung um ein vieles geringer war und ist. Aber was wissen wir wirklich?

In der Schweiz, einem Land, das als relativ diktaturunverdächtig gelten darf, gab es 1989 die Fichen-Affäre:

> »Während des Kalten Krieges ließen Bundespolizei und Bundesanwaltschaft nicht nur Handlungen mutmaßlicher Staatsschutzkriminalität, sondern bis 1989 auch rund 900.000 Personen und Organisationen aus dem linken

> Umfeld präventiv beobachten, obwohl für diese Maßnahmen keine rechtlichen Grundlagen bestanden. Es war vorgesehen, dass etwa 10.000 als politisch gefährlich eingestufte Bürgerinnen und Bürger im Krisen- oder Kriegsfall hätten interniert werden sollen [...]. Aufgedeckt wurde der Skandal durch Feststellungen einer parlamentarischen Untersuchungskommission [...]. Die Parlamentarier dürfen als erste Einsicht in ihre Fichen nehmen. Dabei stößt die SP-Nationalrätin Danuser auf den tiefsinnigen Eintrag, dass sie abends gerne ein Bier trinkt und eine anderer Parlamentarier stellt fest, daß er schon mit sechzehn Jahren fichiert wurde« (vgl. Internetseite »gegen Rechts«)

Der Unterschied zur DDR besteht neben vielem anderen in der funktionierenden Selbstkontrolle des parlamentarischen Systems, aber Anpassungsmechanismen waren hier auch am Wirken.

Natürlich waltet das Unbewusste auch in der deutschen Gegenwart weiter, zumal in einer Behörde wie der für die Unterlagen der Staatssicherheit. Der Umgang mit vergiftetem Material kann selbst vergiftend sein, unbewusste Aggressionen, Allmachtsfantasien und Alleinvertretungsansprüche usw. können wirken. Das für uns aber wirklich Gefährliche sehe ich in dem Umstand, die Beschäftigung mit der DDR-Vergangenheit nur an diese Behörde zu delegieren und zu meinen, damit wäre die Arbeit erledigt. Das schüfe einen Mythos »Gauck/Birthler-Behörde« und über die Funktion von Mythen meint Devereux: »[S]ie bieten eine Art unpersönlichen Kühlschrank, in den die durch innere Konflikte hervorgerufenen Phantasien eingelagert werden können [...]. Die Tatsache, daß solche Phantasien in jenen kulturellen Kühlschrank verwiesen werden, ermöglicht es, sie aus [...] dem privaten Bereich abzuziehen« (1956, S. 34). Dies kann durchaus entlastend sein, aber auch die Gefahr erneuter Verdrängung und Verleugnung in sich bergen. Um die Stasiunterlagen-Behörde nicht zu einem

Kühlschrank der DDR-Vergangenheit werden zu lassen, können wir versuchen, uns so genau und so ehrlich wie möglich an unser Leben in der DDR zu erinnern und uns darüber austauschen. Wir können versuchen, uns mit den Teilwahrheiten der Akten unseren eigenen Weg zur Wahrheit zu suchen.

Dezember 2005

Literatur

Devereux, G. (1956): Normal und Anormal. Aufsätze zur allgemeinen Ethnopsychiatrie. Frankfurt a.M. (Suhrkamp) 1974, S. 19–130.

Erdheim, M. (1992): Die gesellschaftliche Produktion von Unbewußtheit. Frankfurt a.M. (Suhrkamp).

Freud, S. (1905): Der Witz und seine Beziehung zum Unbewußten. Studienausgabe Bd. IV. Frankfurt a.M. (S. Fischer) 1982.

Freud, S. (1933): Neue Folgen der Vorlesungen zur Einführung in die Psychoanalyse. Studienausgabe Bd. I, Frankfurt a.M. (S. Fischer) 1982.

Internetseite »gegen Rechts«: http://www.g26.ch/gegen_rechts_04.html

Kattermann, V. (1998): Erinnern, Wiederholen, Durcharbeiten? Die südafrikanische Wahrheitskommission als Versuch einer kollektiven Vergangenheitsbewältigung. Zeitschrift für Politische Psychologie 4, 439–446.

Orwell, G. (1949/1966): 1984. Frankfurt a.M., Berlin (Ullstein).

Parin, P. (1983): Der Widerspruch im Subjekt. Frankfurt a.M. (Syndikat).

Wendt, H. (1991): Die deutsch-deutschen Wanderungen – Bilanz einer 40jährigen Geschichte von Flucht und Ausreise. Deutschlandarchiv 24(4), 386–395.

Das Leben und *die Anderen* – Eine Polemik

Über Geschmack lässt sich nicht streiten, auch über Kunstgeschmack eigentlich nicht. Persönlicher Kunstgeschmack bildet sich aus frühen Prägungen und späteren Kunsteindrücken, bei der intensiven oder auch weniger intensiven Beschäftigung mit Kunst. Dem ist mit Argumenten wenig beizukommen. Die eine liebt z.B. die Bilder von Neo Rauch, der andere verabscheut sie und einen Dritten lassen sie gleichgültig. In der Diskussion kann man für jeden Standpunkt Argumente finden, aber es bleibt etwas, was nicht zu begründen ist und nur gefühlt wird. So zeigen sich auch im Kunstgeschmack die Geheimnisse einer Seele, ihre unbewussten Regungen, an die man über rationale Wortgefechte nicht herankommt.

So ist es auch bei dem Film *Das Leben der Anderen* von Florian Henckel von Donnersmarck (Drehbuch und Regie). Über keinen anderen Film des letzten Jahres habe ich so intensiv diskutiert und war dabei doch wieder sehr erstaunt, wie verschieden man einen Film erleben und beurteilen kann und wie heftig der Streit wird. Dabei finden sich die unterschiedlichsten Meinungen nicht nur zwischen im Osten oder Westen Sozialisierten, zwischen

Älteren und Jüngeren, sondern auch innerhalb dieser Gruppen. Mein vorherrschendes Gefühl zu diesem Film ist eine eklatante Ambivalenz, die durch die nicht meinem Kunstgeschmack entsprechende Gestaltung noch vertieft wird. Ich möchte hier versuchen, diese Ambivalenz zu verdeutlichen, ohne jemandem ausreden zu wollen, dass ihm der Film gefallen hat.

Ich finde es enorm wichtig, dass auch künstlerisch gestaltet wird, wie sich ein staatlich installierter Überwachungs- und Kontrollapparat wie die Staatssicherheit auf die beteiligten Menschen auswirkt, sowohl auf die Überwachten als auch auf die Überwacher selbst. Das Lachen über Filme wie *Sonnenallee*, *NVA* oder auch in *Good bye, Lenin* war befreiend, hat aber uns Ostlern und auch anderen Zuschauern teilweise erspart, die verdrängten Gefühle von Angst, Ohnmacht und Scham der DDR-Zeit wahrnehmen zu müssen. Auch unsere Wut und Aggression darüber, dass wir dem ausgesetzt waren, waren im Lachen gebunden (vgl. den Beitrag: Psychoanalytische Reflexionen zur Funktion der Stasiunterlagen-Behörde in diesem Band). Mit diesen Gefühlen wird man im *Leben der Anderen* nun direkter konfrontiert und dies war auch für mich berührend. Natürlich kamen die Erinnerungen daran wieder hoch, wie man bestimmte Gespräche in bestimmten Wohnungen nicht führte und in den nahegelegenen Park auswich; wie man mit Unbekannten erst einmal abtastend sprach, um herauszubekommen, wie der wohl »politisch« dachte und wie man der Stasi-Mitarbeit Verdächtigte mied. Unzählige andere, auch schlimmere Szenen könnten ich und jeder andere Ostler erzählen. Vielleicht erklärt das teilweise auch den Erfolg dieses Films: Man hatte sich schon gefragt, wo eigentlich die Vorgänge gestaltet werden, an die diese Erinnerungen und Gefühle geknüpft sind, und ist nun erleichtert, dass dies endlich einmal geschieht. Darin liegen vielleicht auch der Wert und die Pionierleistung des Films: Er versucht, massenwirksam die menschenfeindliche Überwachungsrepression darzustellen. Eine Kollegin, die jetzt als Psychologin in den Räumen des ehemaligen Regierungskrankenhauses in Berlin-Buch arbeitet, erzählte, dass nach der Rezeption dieses Films erstmals das Gespräch im Kollegenkreis in Gang kam, was denn in diesen Räumen vorher gewesen sei. Bestimmte Themen, welche die DDR-Vergangenheit betreffen, werden im alltäglichen Umgang fast selbstverständlich tabuisiert und es ist wünschenswert, dass sie im öffentlichen Bewusstsein präsenter werden. Genau da setzt aber auch meine Kritik an der künstlerischen Umsetzung an, denn nicht jedes Mittel ist recht auf diesem Weg; diese Darstellung erspart Genauigkeit und Differenzierung und für mich auch den glaubwürdigen Wiedererkennungswert. Der Film und sein Regisseur haben den Anspruch, DDR-Wirklichkeit wiederzugeben und daran muss man sie jetzt auch messen dürfen. Die eigenen Erinnerungsbilder sind noch zu nah, als dass man verfärbte und teilweise vergröberte Abbildungen einfach innerlich durchwinken kann. Der Schauspieler Henry Hübchen meinte dazu, dass »er den Umgang mit neuster deutscher Geschichte nicht amerikanisch als Märchen erzählt bekommen möchte« (Stern 22/2006). Die amerikanische Erzählweise und die sehr geschickt eingefädelte Medienkampagne (vgl. Löser 2006a) haben dem Film neben hohen Zuschauerzahlen und vielen Preisen nun auch den Oscar eingebracht.

Ich kenne aus meinem Leben einige Situationen, in denen ich emotional berührt war und gleichzeitig eine Gänsehaut bekam. Dies war z.B. der Fall, wenn beim Fahnenappell zum »Tag der Opfer des Faschismus« das *Lied von den Moorsoldaten* gespielt und gesungen wurde. Es ist ein berührendes Lied, von KZ-Insassen gedichtet und komponiert – man kann sich der Wirkung auf die Seele nur schwer entziehen. Am liebsten hätte ich geweint; gleichzeitig bekam ich diese, mir damals ganz unerklärliche Gänsehaut. Auf einem DDR-Appell für DDR-Schüler gespielt, sollte das Lied die Funktion haben, das Mitgefühl und die Loyalität mit den Opfern des Faschismus mit der Bindung an den Staat DDR zu verknüpfen. Meine Gänsehaut sagte mir, dass etwas daran falsch war.

Es gibt auch »falsche« Gefühle, weiß ich seitdem und meine damit Momente, in denen ich seelisch angesprochen bin, aber gleichzeitig irgendwie spüre, dass ich mit den eigenen Gefühlen manipuliert werde, dass meine emotionale Ansprechbarkeit benutzt wird. Dies stürzt mich in eine Ambivalenz gegenüber den eigenen Gefühlen, die sich zunächst nicht verbalisieren lässt, sondern sich nur in dieser Gänsehaut ausdrückt. »Gänsehaut bekommen« ist eine unwillkürliche Reaktion des Nervensystems – im Film *Das Leben der Anderen* konnte ich diese Reaktion mindestens dreimal an mir beobachten.

Dabei geht es nicht in erster Linie darum, dass in der Kunst nicht auch Geschichten erzählt werden dürften, die es so nicht gegeben hat. Es gab keinen Stasi-Offizier, der sich so opferfreundlich betätigt hätte wie Hauptmann Wiesler. Es wäre trotzdem legitim, wenn man diese theoretische Möglichkeit künstlerisch wahrhaftig gestaltet hätte, weil eine solche Handlungsweise ja durchaus hätte gegeben sein können. Damit wäre im Nachhinein ein Möglichkeitsraum geöffnet – wenn auch die Umstände und Details der konkreten historischen Situation stimmen würden. Und da könnte man nun unzählige Details aufzählen: von der nicht stimmigen Körpersprache des Ostkünstlerpaares über die Installation der Überwachungsinstrumente direkt auf dem Dachboden bis hin zu den wirklich anders ablaufenden Feten. Als Zuschauerin kam ich so in die Situation, einerseits froh zu sein, dass das ganze eklige Stasi-Thema endlich gestaltet wird, und andererseits dauernd ausrufen zu wollen: »Aber doch nicht so!« Vor allem muss man unbedingt zum Plot einwenden, dass die aus dem Abhören gewonnenen Tonbänder nicht parallel klappernd auf einer Schreibmaschine abgeschrieben wurden, sondern hinterher von anderen Mitarbeitern transkribiert wurden. Die Bänder waren jederzeit der Beleg für die wirklich gesprochenen Worte. Hauptmann Wiesler wäre spätestens nach zwei Manipulationen vom eigenen Apparat überführt worden. Das System »Vertrauen ist gut, Kontrolle ist besser« funktionierte am besten vielleicht in den eigenen Stasi-Reihen, wie in anderen Geheimdiensten auch. Dies ist übrigens in den sehr stimmigen Szenen gestaltet, wo Hauptmann Wiesler sich den Schüler ankreuzt, der in seinem Unterricht eine kritische Frage gestellt hat und wo das Witze-Erzählen in der Stasikantine zur Achterbahnfahrt der Gefühle wird.

Aber ich möchte mich noch mehr einer Analyse des Filmplots widmen. Zunächst die private Geschichte: Ein hoher Funktionsträger begehrt eine Frau, die einen anderen Mann (Künstler) liebt. Der Funktionsträger setzt seine Machtmittel ein, um sie doch zu bekommen. Ein Diener der Macht wird dazu benutzt, den Künstler zu bespitzeln, um ihn irgendwann aus dem Weg räumen zu können. Er lernt das Paar durch seine Überwachungsarbeit intim kennen und beginnt, sich mit dem Künstler zu identifizieren, und sich auch etwas in die Frau zu verlieben. Er versucht, das Paar und seine Liebe zu schützen, obwohl er selbst ein recht erbärmliches Beziehungs- und erotisches Leben hat. Er macht den Versuch einer idealisierenden Identifizierung, um seine eigene Not und Leere weniger spüren zu müssen. Aber sofort würde man auch fragen, wo denn sein Neid und die Aggression bleiben?

Sie sind einmal in der Tätigkeit des Bespitzelns selbst, das ja weitergeht, gebunden, ansonsten aber sowohl dem Diener der Macht als auch dem Regisseur des Films unzugänglich und damit unbewusst. Immerhin kommt aber die Frau bei diesem ganzen Gemauschel um – sie ist das eigentliche Opfer und tot am Ende des Films. Die unbewusste Aggression des Machtdieners und damit des Drehbuchschreibers zeigen sich gerade an dieser Stelle, übrigens wie wir seit Theweleit wissen, ganz im Sinne der unbewussten Dramaturgie vieler Hollywood-Filme (vgl. Theweleit 1977). Die Protagonistin muss sterben/wird geopfert, wenn sie im Laufe der Handlung etwas Unmoralisches getan hat, wie z. B. ihren Liebsten hintergangen hat.

Nachdem der Diener der Macht durch sein geheimes Eingreifen zwar den Künstler, nicht aber dessen Geliebte, vor dem Zugriff der Macht schützen konnte, muss er eine Degradierung hinnehmen. Nach der Wende muss er als ehemaliger Stasi-Offizier Zeitungen austragen, aber der Künstler widmet ihm sein Buch *Die Ballade vom guten Menschen*. Gänsehaut. Eine Westberliner Freundin, mit der ich den Film zuerst sah und die sich sehr intensiv als Historikerin mit der Nazizeit beschäftigt hat, murmelte: »Täterkitsch.« Im Gespräch danach wurde uns klar, dass die ganze Geschichte vorwiegend vom Stasi-Offizier aus erzählt wird, also eine Tätergeschichte ist, in der sich herausstellt, dass der Täter eigentlich auch ein guter Mensch ist. (Obwohl, denkt man genauer darüber nach, er die ganze Zeit durch sein wissendes Eingreifen, von dem das Künstlerpaar nichts ahnen kann, in ihrem Leben herumpfuscht. Weil sie von der Dauerbeobachtung nichts wissen, können sie sich auch nicht auf gleicher Augenhöhe wehren.) Meine Gänsehaut als Indikator für Ambivalenz sagt mir, dass ich mir schon wünschen würde, dass es auch solche guten Stasi-Offiziere gegeben hätte, und dass ich mich in diesem Wunsch erkannt und manipuliert fühle. Ehlert und Lorke (1988) haben darauf hingewiesen, dass bei Opfern oft eine Hoffnung auf Versöhnung mit dem Verfolger erhalten bleibt. »Das traumatische Introjekt kann nicht aufgegeben werden, weil es das Versprechen der Versöhnung enthält, auf die das Opfer nicht verzichten kann« (S. 520). So gesehen birgt diese Tätergeschichte vielleicht auch eine Opferfantasie.

Sehen wir noch genauer auf die politische Geschichte des Films, in der auch der größere Anspruch der Filmemacher liegt: Der operative Vorgang gegen den Künstler wird durch die private Konkurrenz und Missgunst des Kulturministers in Gang gesetzt. Gerade das hat es aber so eigentlich nie oder vielleicht höchstens auf niederen Ebenen gegeben: Es gab immer ideologisch-politische Gründe, eine Bespitzelung und Verfolgung in Gang zu setzen. In den Filmkritiken Ostdeutscher wird gerade dieser Punkt sehr deutlich angesprochen: »Indem die Affäre mit dem Kulturminister der DDR zum treibenden Moment avanciert, rutscht das gesamte Stasi-Thema auf das Niveau einer schmierigen Hintertreppen-Intrige« (Löser 2006b).

Tobias Voigt sieht hier ebenfalls einen »Grundfehler« des Films, »weil er uns in Gestalt des feisten Funktionärs sexuelle Motive als die niederen Beweggründe des politischen Handelns vorgibt und keine ideologischen. Aber genau das war die Stasi, eine Ideologiepolizei eines ideologietriefenden Systems, das ein Volk als Ganzes unter Generalverdacht stellte« (Voigt 2006, S. 146). Die rein privat motivierte politische Verfolgung des Künstlerpaars stellt so eher eine Verharmlosung der dauernden politisch motivierten Verfolgung in der DDR dar.

Mein zweiter politischer Kritikpunkt an diesem Film liegt in der Wahl der bekannten DDR-Künstler als Opfer-Protagonisten. In den 80er Jahren waren diese gerade durch ihre Bekanntheit in weit größerem Maß geschützt als in der Filmwirklichkeit.

> »Daß diese Hauptfigur jedoch, eine berühmte Theaterschauspielerin, gänzlich ungeschützt und folgenschwer erpreßbar ist, gehört schon in die Rubrik rückblickende Verfälschung. Ebenso die Figur des renommierten Autors, dessen Verhaftung viel zu viel Wirbel im Westen ausgelöst hätte, als daß sie sich für die DDR-Administration gelohnt hätte« (Schulz, Rheinischer Merkur, 25 Mai 2006).

Trotzdem, könnte man sagen, diese Künstler hatten nicht ohne Grund immerhin die Angst davor, dass ihnen etwas Derartiges passieren könnte. Dann hätte man die Kluft zwischen dieser Angst und dem tatsächlichen Handeln noch brisanter gestalten können. Und da versteckte man eben gerade nicht eine Westschreibmaschine unter der eigenen Türschwelle.

Die stärker bedrohten und wirklichen Opfer der Stasi-Maschinerie waren unbekannte Menschen, darunter auch unbekannte Künstler – sie waren der Staatsmacht oft ohnmächtig ausgeliefert und sind aufgrund ihrer Traumatisierungen nicht immer in der Lage, im neuen Deutschland einen ruhigen Platz zu finden. Sie leben heute oft zurückgezogen, mit wenig Geld am Rande der Gesellschaft. Sie eignen sich weniger für Identifikationen und den Glamour des Oscars.

Im März 2007, 17 Jahre nach der Vereinigung, kämpfen die Opferverbände um eine angemessene finanzielle Entschädigung für erlittenes Unrecht. Und im Gegensatz zum edlen Hauptmann Wiesler treten ehemalige Stasi-Offiziere, von jedem Schuldbewusstsein frei, öffentlich gegen die Gedenkstätte im ehemaligen Stasi-Untersuchungsgefängnis in Berlin-Hohenschönhausen auf oder reden in dem niederschmetternden Dokumentarfilm *Das Ministerium für Staatssicherheit – Alltag einer Behörde* von Klemke und Lorenzen (2002) über ihr Recht, auf der richtigen Seite der Geschichte gegen den Klassenfeind vorgegangen zu sein und über den Spaß, den ihnen die Überwachungsarbeit gemacht hat.

Meine Gänsehaut an der Stelle der Widmung vom Opfer an den geläuterten Täter meint auch, dass etwas viel zu früh und viel zu schnell versöhnt wird, ein Graben zugeschüttet wird, dessen Tiefe noch gar nicht ausgelotet wurde. »Aus diesem Ende spricht ein bis ins Absurde gesteigerter Harmonisierungswahn« (Löser 2006a, S. 65). Aber Versöhnung ist Hollywood-kompatibel und sehr erfolgreich.

Jeder, der in der DDR lebte, war gezwungen, sich irgendwie zu diesem Staat in Bezug zu setzen, weil er zwangsläufig und immer mit ideologisch-hierarchischen Machtstrukturen konfrontiert war und dies hatte dann immer auch mit der eigenen Identität zu tun. Der Vereinigungsprozess hat uns Ostdeutsche allerdings in einer Weise vereint, welche die Spaltung der Gesellschaft in Herrscher und Beherrschte nur wenig berücksichtigt hat (vgl. den Beitrag: »… dass die Mauern im Osten besser halten« in diesem Band). Durch die schnelle Vereinigung, welche die Ostdeutschen selbst gewählt haben, wurden gravierenden Konflikte zwischen ihnen nicht ausgetragen und mehr oder weniger unter den Tisch gekehrt. Für manche ist dies eine unverdiente Gnade, für andere ein Grund zu großer Bitterkeit. In der Berliner S-Bahn kann es einem ehemaligen Häftling, der wegen des Verdachts auf versuchte Republikflucht in Berlin-Höhenschönhausen einsaß, passieren, dass sein ehemaliger Verhörer ihm in der S-Bahn gegenübersitzt und zusammen mit ihm zwischen Friedrichstraße und Tiergarten elegant über den ehemaligen Mauerstreifen fährt. Wenn sie beide inzwischen Rentner sind, kann man fast sicher sein, dass der ehemalige Stasi-Verhörer mehr Rente bekommt als der traumatisierte ehemalige Verfolgte, weil z. B. nur die Haftzeit als Verfolgungszeit angerechnet wird und die Beschneidung jeglicher Bildungs- und Aufstiegschancen nach der Haft und die damit verbundenen Lohneinbußen bei der Rentenberechnung nicht berücksichtigt werden. Der Verhörer hatte die ganze DDR-Zeit ein gutes Gehalt und somit jetzt eine höhere Rente – er steht unter dem Eigentumsschutz des Grundgesetzes (vgl. Eisenfeld 2002, S. 72).

Wie im Filmtitel ja beziehungsreich aufgenommen, ist *Das Leben der Anderen* auch ein Film darüber, wie sich ein junger westdeutscher Regisseur heute das Leben der anderen Deutschen in der DDR vorstellt. Das ist sein gutes Recht, nur sollte dies nicht pur als die Realität genommen werden. Die Geschichte wird von jemandem von außen erzählt, der sie weder erlebt noch erlitten hat. Auch hier bin ich sehr ambivalent, weil ich einerseits gerade solche Sichten von außen auf das DDR-Leben sehr schätze und in Begegnungen mit Westdeutschen wirklich erhellende Erkenntnisse hatte. Andererseits aber wird die Geschichte »wie von innen« erzählt – die Außenposition des Regisseurs wird verleugnet. Damit kommt bei mir das Gefühl hoch, dass jemand sich aus ungeklärten ureigenen Gründen etwas von meiner Geschichte aneignet, die ich selbst noch gar nicht richtig begriffen habe, geschweige denn erzählen konnte. Außerdem wird die Gestaltung anscheinend von Täter- und Opferfantasien durchwoben, die projektiv auf die Ostseite geschoben werden, und da erkennt man manches durchaus wieder und manches eben nicht.

Dieser Film ist auch ein Beispiel dafür, wie die Deutungshoheit über das ostdeutsche Leben von Westdeutschen übernommen und eben auch von den Ostdeutschen nicht genügend wahrgenommen wird. Warum hat kein ostdeutscher Regisseur sich bisher diesem Thema ernster oder auch melodramatischer zugewandt? Ich denke, weil er das Thema vielleicht zu dicht auf der Haut spürte, als dass er es schon gestalten könnte und weil dies auch immer mit der eigenen Verwobenheit in die DDR-Vergangenheit zu tun hat. Selbst Objekte totaler Observierung sehen sich bis heute nicht als »Opfer«, weil der damit verbundene Status unerträglich erscheint und die damit einhergehenden Ohnmachts- und Schamgefühle auch. Es braucht wahrscheinlich mehr Zeit, um dies wirklich ansehen zu können. (Im Übrigen gibt es eine Reihe sehr wichtiger und überzeugender Dokumentarfilme zum Thema, neben dem oben erwähnten z.B. *Der schwarze Kasten* von Tamara Trampe und Johann Feindt [1991] sowie *Verriegelte Zeit* von Sybille Schönemann [1990].)

Aber die Meinungs- und Deutungsverschiedenheiten über diesen Film gibt es nicht nur zwischen Ost- und Westdeutschen, sondern auch innerhalb dieser beiden Gruppen, und manchen jüngeren Ostdeutschen gefällt der Film. Ihnen gefällt, dass etwas Schwieriges aus der DDR-Vergangenheit angesehen und einmal »groß« gestaltet wird, nicht nur für einen kleinen Kreis von Eingeweihten.

Und es finden sich wiederum Westdeutsche, deren künstlerisch-ästhetischer oder politischer Geschmack ein anderer ist. Am 11. Oktober 2006 hatte in der Volksbühne das Stück *L'affaire Martin!* von René Pollesch Premiere. Die Familie des »Junker Hencker von der Donnersmarck« sitzt in ihrem Kaminzimmer und langweilt sich. Was könnte man tun? Einen Film über *Das Leben der Anderen* machen, zum Beispiel. Pollesch wurde 1962 in Hessen geboren und mir ist vom Besuch der Aufführung der Schauspieler Martin Wuttke in Erinnerung, der die ganze Zeit in einem Tarnanzug über die Bühne läuft, der sich je nach Situation der Bühnentapete oder dem Fensterkreuz anpasst. Und außerdem die Schauspielerin

Sophie Rois, die immer wieder die Frage stellt: »Das Leben der Anderen – was könnte das sein?« Das ist die entscheidende Frage und sie wird als Frage gestellt und nicht beantwortet.

August 2007

Literatur

Ehlert, M. & Lorke, B. (1988): Zur Psychodynamik der traumatischen Reaktion. Psyche – Z Psychoanal 42, 502–532.

Eisenfeld, P. (2002): Defizite bei der Rehabilitierung politisch Verfolgter des SED-Regimes. Deutschland Archiv 1, 59–74.

Löser , C. (2006a): Das Leben der Anderen – Rekonstruktion eines medialen Erfolgsmodells. Horch und Guck Heft 55, 63–65.

Löser, C. (2006b): Wenn Spitzel zu sehr lieben. Die Tageszeitung Berlin, 22.03.2006.

Schulz, T. (2006): Wo das Genre seine Grenze findet. Rheinischer Merkur 21, 25.05.2006.

Simon, A. (2006): Psychoanalytische Reflexionen zur Funktion der »Stasiunterlagen-Behörde«. Forum Psa. 2, 205–212.

Simon, A. (2002): »… dass die Mauern im Osten besser halten« – Ostdeutsche Identität 2002. Unveröffentlichter Vortrag, gehalten in Lindau.

Theweleit, K. (1977, 1978): Männerphantasien 1 und 2. Frankfurt a. M., Basel (Stroemfeld).

Voigt, T. (2006): Wahrheit via Wanze. Zeitschrift des Forschungsverbundes SED-Staat 19, 146–148.

Wie viele Freiheiten und wie viele Grenzen braucht Psychoanalyse – heute?

Montags 8.40 Uhr. Die Psychoanalytikerin betritt ihre Praxis. Das Wochenende war mit vielfältigen Konflikten in der Familie und mit einer Auseinandersetzung mit einer Freundin belastet. Die Analytikerin fühlt sich emotional verunsichert, etwas kränklich und hat wegen all dieser unerfreulichen Dinge schlechte Laune. Anhand des Terminkalenders holt sie die Patientenakten für den Tag aus dem Schrank und hat das Gefühl, dass acht Patienten ihr an diesem Tag wirklich zu viel sind, zumal Herr Schulze darunter ist, der immer so laut spricht, um nicht zu sagen schreit. Auf jeden Fall kann ihn ihre Kollegin zwei Zimmer weiter noch hören. Seine an sich schon gegebene Eindringlichkeit ist dadurch noch bedrängender. Frau Meyer kommt auch, der es zurzeit besonders schlecht geht; vor dem Wochenende hatte sie gedroht, sich wieder am Arm zu ritzen. Der Analytikerin geht die Bemerkung einer Kollegin durch den Kopf, die bei einem Treffen bemerkte, dass sie sich auch ein Leben vorstellen könne, in dem nicht jeden Montag um 10 Uhr eine Frau Meyer sie aufsuche. So auf den Tag eingestimmt, wartet die Analytikerin auf ihren ersten Patienten.

Es ist 9.00 Uhr – Er kommt anscheinend zu spät. Na gut, noch etwas Ruhe. Sie sitzt im Therapeutenstuhl und guckt vor sich hin.

9.10 Uhr – Schon ziemlich spät. Warum kommt er denn nicht? Es ist die fünfte probatorische Sitzung mit diesem Patienten. Heute sollte die endgültige Verhandlungsvereinbarung mit ihm getroffen werden. Sie hat das Antragsformular des Patienten für die Kasse ausgedruckt und wollte es ihm heute übergeben. Sie hatte auch schon darüber nachgedacht, wie sie dem Gutachter eine modifizierte psychoanalytische Therapie bei diesem Patienten schmackhaft machen könnte, im Kopf an die Kassenregelung angepasste Sätze vorformuliert.

9.20 Uhr – Kommt er nicht, weil er die Therapie doch nicht will? Was war in der letzten Stunde? Zum Erstgespräch war ein erregter, aufgelöst wirkender, ca. 50-jähriger Mann gekommen, der sich selbst als »völlig außer sich« bezeichnete. Er habe gerade Einsicht in seine Stasi-Akte genommen und habe erfahren müssen, dass seine Ehefrau Berichte über ihn geschrieben und unter anderem hinter seinem Rücken versucht habe, ihm das Erziehungsrecht für den gemeinsamen Sohn zu entziehen. In den weiteren Gesprächen kam heraus, dass er selbst neben seiner beruflichen Arbeit Berichte für die Stasi über Kollegen geschrieben hatte. Dies alles auf dem Hintergrund einer traumatischen Lebensgeschichte. Zurzeit lebte er von Hartz IV. Ach – fällt der Analytikerin ein: Ein angemessenes Ausfallhonorar hatte sie mit ihm noch gar nicht vereinbaren können und es hätte bei diesem Patienten wahrscheinlich sowieso wenig Sinn. Schon die Fahrt zur Therapie bedeutete für ihn eine hohe finanzielle Belastung.

9.30 – Nun, er scheint wirklich nicht zu kommen. Also: Was war vorige Stunde? Sie hatte an einer Stelle zu ihm gesagt, dass er sowohl Opfer von Verrat geworden sei als auch selbst andere Menschen denunziert habe. Viel zu früh, viel zu direkt, denkt die Analytikerin jetzt, wertend geradezu, da sind wieder eigene Dinge mit ihr durchgegangen. Andererseits könnte sie mit diesem Mann wahrscheinlich nicht jahrelang zusammenarbeiten, ohne eine klare Aussage zu Beginn gemacht zu haben. Sie hatte diese Konfrontation gebraucht. Nun ja, sie hatte ihn offenbar verjagt – damit ist es entschieden. Dann ist er eben auch nicht richtig bei ihr. Sie hätte diesem Patienten nicht gerecht werden können, außerdem ist er ja auch sehr anstrengend. Und sie wollte eigentlich sowieso keine neuen Patienten mehr nehmen.

9.45 Uhr – Es klingelt. Atemlos steht der Patient vor der Tür. Vom Lokführerstreik ist auch die Berliner S-Bahn lahmgelegt. Die Analytikerin hat an diesem Morgen keine Nachrichten gehört und das ist ihr entgangen. Der Patient ist die ganze Strecke zu ihr gelaufen und sagt ihr in den verbleibenden Minuten, dass er sich nach der letzten Stunde für die Therapie entschieden habe: Hier würde nicht nur eiapopeia mit ihm gemacht.

Wie viel Freiheit und wie viele Begrenzungen braucht Psychoanalyse heute?

Im Jahre 1983 erschien in Westdeutschland eine Streitschrift, verfasst von führenden Psychoanalytikern, die sich unter dem Titel *Das Unbehagen in der Psychoanalyse* mit dem damaligen Zustand der Psychoanalyse im deutschsprachigen Raum beschäftigte (vgl. Lohmann 1983). Autoren wie Margarete Mitscherlich, Mario Erdheim und Paul Parin setzten sich dezidiert damit auseinander, wie die Möglichkeiten von Freiheit, welche die Psychoanalyse als Potenzial bereithält, an die Grenzen der gesellschaftlichen Praxis und die Grenzen der psychoanalytischen Institutionen sowie des einzelnen Psychoanalytikers stießen. Ich möchte nur einige Titel der Beiträge aufzählen: »Über das Lügen und die Unaufrichtigkeit des Psychoanalytikers« (Erdheim), »Das obligat unglückliche Verhältnis der Psychoanalytiker zur Macht« (Parin und Parin-Matthey), »Die eingeschüchterte Psychoanalyse« (Dahmer), »Wie harmlos dürfen Psychoanalytiker sein?« (Lohmann), »Psychoanalyse und Kulturwandel« (Mitscherlich), »Wie man Analytiker wird – über die Rolle der Angst in der Ausbildung« (Speier).

Diese Streitschrift ist in vielerlei Hinsicht hochaktuell und ich werde mich auch direkt oder indirekt immer wieder auf sie beziehen. Was mich am meisten an ihr beunruhigt hat, ist, dass uns heute die gleichen einfachen und wichtigen Fragen bedrücken, wir sie aber manchmal nicht so einfach und dezidiert stellen.

Ich möchte mich in diesem Text den Grenzen und Freiheiten der Psychoanalyse in der Gesellschaft und in den psychoanalytischen Institutionen sowie in der individuellen psychoanalytischen Behandlungssituation in der individuellen Praxis des einzelnen Analytikers zuwenden. Dabei werde ich einige Eulen nach Athen tragen, denke aber, dass einiges immer wieder neu zu diskutieren ist. Die Psychoanalyse selbst hat ihre Probleme, wie man an der Aktualität der oben genannten Streitschrift sehen kann, scheinbar immer wieder erneut durchzuarbeiten.

Fast ritualisiert ist es in Vorträgen und Texten von Psychoanalytikern üblich, Freud zu zitieren. Einmal, weil wir eben fast immer von ihm ausgehen und weil auch aktuelle und sehr präzise formulierte Erkenntnisse in seinem Werk stecken, teilweise aber glauben wir uns immer wieder dieser Autorität versichern zu müssen. Auch ich möchte ihn zunächst zitieren, weil das Zitat gut in meinen zunächst geplanten kleinen philosophischen Exkurs zum Begriff der Freiheit passt. In *Das Unbehagen in der Kultur* finde ich, wie ich meine, ein sehr aktuelles Zitat:

> »Die individuelle Freiheit ist kein Kulturgut. Sie war am größten vor jeder Kultur, allerdings damals fast ohne Wert, weil das Individuum kaum imstande war, sie zu verteidigen. Durch die Kulturentwicklung erfährt sie Einschränkungen, und die Gerechtigkeit fordert, daß keinem diese Einschränkungen erspart werden. Was sich in der menschlichen Gemeinschaft an Freiheitsdrang rührt, kann Auflehnung gegen eine bestehende Ungerechtigkeit sein und so einer weiteren Entwicklung der Kultur günstig werden […]. Es kann aber auch ein Rest der ursprünglichen, von der Kultur ungebändigten Persönlichkeit entstammen und so Grundlage der Kulturfeindseligkeit werden« (Freud 1930, S. 226).

Die ostdeutschen KollegInnen kennen noch gut die aus dem Hegel'schen Denksystem hergeleitete marxistische Lehre von »der Freiheit als Einsicht in die gesellschaftliche Notwendigkeit«, die uns mehrfach zum Halse heraushängt und doch auch in unser Fleisch und Blut übergegangen ist. Ebenso kennen wir aber auch den von Rosa Luxemburg in der Auseinandersetzung mit Lenin geprägten Satz von »der Freiheit als der Freiheit der Andersdenkenden«.

Ich möchte meinen Vortrag vor allem an Hannah Arendt orientieren, die im fünften Kapitel von *Vita activa* über »Das Handeln« auch auf die Freiheit zu sprechen kommt. Nachdem sie konstatiert hat, dass der Mensch, sowie er handelt, in ein Bezugsgewebe verstrickt wird, indem er »eher das Opfer und der Erleider seiner eigenen Tat« zu sein scheint als ihr Schöpfer und Täter (Arendt 1958/1967, S. 298), führt sie weiter aus:

> »Freiheit, so scheint es, kann nur der bewahren, der sich des Handelns enthält, und die einzige Rettung für die Souveränität der Person scheint in dem Abstand zu liegen, den die ›Weisen‹ zwischen sich und den zwischenmenschlichen Bereich legen und erhalten« (ebd.).

Der grundsätzliche Irrtum dieser Weisheit scheint nach Arendt darin zu liegen, dass bei dieser Enthaltsamkeit vom Handeln Souveränität und Freiheit gleichgesetzt werden. »Kein Mensch ist souverän, weil Menschen und nicht der Mensch, die Erde bewohnen«, und diesem Faktum der Pluralität seien wir alle unterworfen (ebd., S. 299).

> »So lange wir Freiheit im Sinne der Tradition als identisch mit Souveränität verstehen, liegt es sehr nahe, aus dem Phänomen menschlicher Freiheit, die unter der Bedingung der Nicht-Souveränität gegeben ist, und aus dem Tatbestand, daß wir zwar imstande sind, Neues zu beginnen, aber außerstande, es zu kontrollieren und seine Folgen vorauszusehen, auf die Absurdität menschliche Existenz überhaupt zu schließen« (ebd., S. 300).

Interessanterweise und für mich sehr erhellend findet Hannah Arendt in den menschlichen Fähigkeiten zu verzeihen und zu versprechen einen Weg zur menschlichen Freiheit. Diese Fähigkeiten des Verzeihens und des Versprechens sind die Modi, »durch die der Handelnde von einer Vergangenheit, die ihn auf immer festlegen will, befreit wird und sich einer Zukunft, deren Unabsehbarkeit bedroht, halbwegs versichern kann« (ebd., S. 303). Verzeihen und Versprechen sind Termini, die unmittelbar auf das Miteinander von Menschen zielen, menschliche Bezogenheit und Bindung voraussetzen. Ist die Fähigkeit zu diesen Verhaltensweisen nicht der von uns so benannten »depressiven Position« sehr nah und ermöglicht diese also auch ein Stück Freiheit?

Die Psychoanalyse in der Gesellschaft und die Psychoanalyse im Verhalten zur Gesellschaft. Ich schreibe diesen Text als eine Therapeutin aus der DDR. Eine Therapeutin, die die Hälfte ihres erwachsenen Lebens in der DDR ihren Beruf ausgeübt hat und jetzt Psychoanalytikerin im vereinten Deutschland ist. Wie konnten und können wir ostdeutschen Psychotherapeuten einen Weg zur Aneignung der Psychoanalyse finden, der uns frei macht, zu verzeihen und zu versprechen? Viele dieser Ostkolleginnen und Kollegen, wie – der leider viel zu früh verstorbene – Hans-Joachim Koraus sowie Hans-Joachim Maaz, aber auch Jochen Schade, Michael Froese, Irene Misselwitz, Margarete Meador (um nur einige zu nennen) haben sich in Vorträgen und Veröffentlichungen schon dezidiert dazu geäußert und ich beziehe mich auf sie.

»Endlich Freiheit, endlich Psychoanalyse?« war der Titel eines Vortrages von Christoph Seidler und Michael Froese auf der ersten Arbeitstagung unseres Ostberliner psychoanalytischen Ausbildungsinstitutes 1997 zum Thema »DDR-Psychotherapie zwischen Subversion und Anpassung« (Seidler/Froese 2002). Dieser Titel bringt etwas auf den Punkt, was in der euphorischen Wendezeit auch so von uns gefühlt wurde: Endlich besteht die Freiheit, Psychoanalyse auszuüben, und zwar als Therapie und auch als Kulturkritik.

Es ist unzweifelhaft, dass einige Osttherapeuten der älteren und meiner Generation schon vor 1989 einen Annäherungsprozess an die Psychoanalyse durchlaufen hatten, der von der Westseite teilweise wenig wahrgenommen wird.

Nach der doppelten Vernichtung der Psychoanalyse auf ostdeutschem Boden – dem Untergang der Psychoanalyse im Nationalsozialismus am Göring-Institut folgte in der DDR die nicht wieder aufgenommene Tradition, und mit der Pawlowkonferenz 1953 das ideologische Verdikt gegen sie, das einem Verbot gleichkam (Lockot/Bernhardt 2001). Nach dieser doppelten Vernichtung gab es spätestens ab Ende der 60er Jahre einen Hunger nach Psychoanalyse – angestoßen auch von den 68er-Entwicklungen in Westdeutschland. Ich erinnere mich noch gut, wie ich wahrscheinlich im Jahr 1972 eine Vorlesung an der Sektion Psychologie der HU hörte, in der die verklemmte Dozentin in süffisanter Weise und ganz aus dem Zusammenhang seines Werkes gerissen Freud zitierte. Es ging um die Herleitung eines Symptoms aus einer sexuellen Verdrängung – sie zog regelrecht genüsslich darüber her. Ohne die geringste Ahnung von Psychoanalyse zu haben, hatte ich das Evidenzerleben, dass genau dies etwas mit dieser Dozentin zu tun haben müsse und das es sich doch um einen sehr interessanten Ansatz handeln könnte. Danach konnte ich mir ohne Weiteres den Schlüssel zum sogenannten »Giftschrank« besorgen, in dem neben anderen Giftbüchern die gesammelten Werke Freuds standen und von den Studenten auch zu lesen waren, so sie denn wollten. In dieser von Koraus so benannten Phase der »heimlichen Infiltration« von psychoanalytischem Gedankengut in die DDR ging der Weg der Annäherung über das Studium geschickter und durchgeschmuggelter Literatur in die inoffiziellen Diskussionszirkel. Das Objekt Psychoanalyse war dabei anfangs verboten, heimlich und daher besonders faszinierend und anziehend (was verboten ist, das macht uns gerade scharf – sang Biermann). In den Diskussionszirkeln gab es dann manchmal auch wildes gegenseitiges Erzählen von Lebensgeschichten und ebenso wildes vermeintliches psychoanalytisches Deuten. Dies setzte sich in den offiziellen Selbsterfahrungsgruppen der intendierten dynamischen Gruppentherapie fort, wo man teilweise die gleichen Kollegen wieder traf. Die DDR-Psychotherapeuten waren eine relativ kleine Gruppe, die durch ihre zwangsläufige Berührung mit der gesellschaftlichen Realität durch die Schicksale ihrer Patienten eher von einer bewussten Nicht-Anpassung geprägt war und sich ständigen Anfeindungen ausgesetzt sah. Die Psychotherapie musste im gesellschaftlichen

System der DDR ständig ihre Existenzberechtigung unter Beweis stellen und um finanzielle Mittel und Anerkennung ringen. Es gab eine eklatante, chronische Unterversorgung mit Psychotherapie. Trotz des nicht fehlenden Streits zwischen den Therapierichtungen gab es eine Art von Gruppenzusammenhalt der Therapeuten, einen Konsens des Zusammenhaltens. Im Grunde waren die DDR-Psychotherapeuten eine Gruppe, in der fast jeder jeden kannte und die wie die ganze DDR fast inzestuöse Züge hatte. Und wie in jeder abgeschlossenen Gruppe gab es Liebe, Freundschaften und Feindschaften, Intrigen und Verrat. Dass der Verrat auch die Züge des Verrats an die offizielle Staatsmacht durch IMs aus den eigenen Reihen annahm, war leider systemimmanent und unterlag vor der Wende einer teilweisen Verdrängung, um Angst und Ohnmacht weniger spüren zu müssen (vgl. Simon 1995). Dass der auf mich angesetzte Kollege den IM-Namen »Sigmund Freud« geführt hat, kann man neben allem anderen auch als einen weiteren Beleg für die heimliche Anziehungskraft der Psychoanalyse in der DDR werten.

Teilweise unbewusst blieb auch, dass die Psychoanalyse innerhalb der DDR, wie sie nun mal war, selbst wenn sie nicht verboten und ihre Tradition nicht abgebrochen wäre, nicht hätte ausgeübt werden können. Und dies aus den gleichen Gründen, die Bernard Kamm in seinem Brief vom 3. Juni 1980 an R. Lockot angeführt hat, in der er seine Emigration aus Nazideutschland begründet. Kamm war einer der ganz wenigen deutschen nichtjüdischen Analytiker, der 1935 emigrierte.

> »Wenn nun die Umwelt, in der die Analyse unternommen werden soll, allzu sehr der Strenge der ursprünglichen drohenden Umwelt nahekommt – oder sie sogar übertrifft – dann ist es für den armen Analysanden unmöglich, die befreiende Entdeckung zu machen, daß die ursprünglichen

> Drohungen ihre Macht verloren haben […] gelten sie doch noch immer in alter, das Leben bedrohender Strenge. Ein Analytiker würde sich selbst und seinen Analysanden täuschen und gefährden, wenn er so tun würde, als ob jetzt alles frei durchdacht und frei erörtert werden könnte« (Brecht et al. 1985).

In der DDR ging es nur selten, in bestimmten Bereichen um Leben und Tod, aber die von Paranoia dominierte Umwelt gab es auch. Bei voller Wahrnehmung aller gegen eine als »oppositionell« eingestufte Person eingeleiteten Maßnahmen, hätte die gesunde Reaktion dieser Person eine paranoide Entwicklung sein müssen, ein misstrauisches Sich-verfolgt- und Sich-beobachtet-Fühlen. Dies gilt sowohl für betroffene Patienten als auch für betroffene Therapeuten. Dies konnten wir uns aber erst im Nachhinein so richtig eingestehen (vgl. den Beitrag »Blindheit im Beruf« in diesem Band).

In den 80er Jahren konnte unsere heimliche Liebe zur Psychoanalyse als Theorie und gewünschte Praxis aber schon öffentlicher werden, und wurde es zunehmend auch. Auf die Fachkongresse wurden Kollegen aus dem Westen eingeladen, das Denken und Sprechen in unseren Vorträgen veränderte sich. Als ein Beispiel und wie eine Illustration zum obigen Zitat möchte ich Ihnen die Geschichte eines Vortrages von Margarete Meador erzählen. 1982 fand in Erfurt der zehnte Psychotherapiekongress der DDR mit internationaler Beteiligung statt. Frau Meador hatte einen Vortrag mit dem Titel »Injektion als Bestrafung« angemeldet, in dem sie sich mit der stationären Behandlung eines 12-jährigen Jungen, der unter einer Zwangsneurose litt, auseinandersetzte. Im Rahmen dieser Behandlung war eine schmerzhafte Beruhigungsspritze als Strafe für eine überbordende Aggressivität des Jungen auf der Station eingesetzt worden. In der Einzeltherapie versuchte der

Junge, im Handpuppenspiel seine Reaktion auf diese Maßnahme zu inszenieren:

> »Der Junge dachte sich einen Herrn Meier und ein Vögelchen aus und spielte beide Figuren selbst: Herr Meier hat ein Vögelchen zu Hause im Käfig. Er möchte ein bißchen weggehen, doch er fürchtet sich, das Vögelchen allein zu lassen. Er hat Sorge, daß der Vogel den Käfig aufbricht, herausfliegt und die Einrichtung zerstört. Deshalb verschnürt er den Käfig mehrfach mit Paketstrippe [...]. Doch kaum ist er gegangen, öffnet das Vögelchen den Käfig und fliegt singend in der Wohnung umher. Herr Meier kehrt sofort zurück. Er sieht das befreite Vögelchen und schreit voller Angst nach der Polizei. Diese ist nicht erreichbar und das Vögelchen hat eine Gnadenfrist für sein Glück. Schließlich aber gelingt es Herrn Meier, das Vögelchen durch eine Beruhigungsspritze zu betäuben« (Meador 1982).

Meador kommt in ihrer Interpretation zu dem Schluss, dass die Beruhigungsspritze eine wirkliche Veränderung der zwangsneurotischen Symptomatik verhindert hat. »Untersucht man die Motive des Therapeutenteams für diese Injektion, so erscheint dieses Beispiel als ein Extremfall der typischen Kollusion zwischen Arzt und Patient, die in der gemeinsamen Abwehr der Angst vor der Hilflosigkeit besteht.« Dies war analytisches Denken auf den Punkt gebracht. Wie wurde mit diesem Vortrag umgegangen? 30 Minuten bevor Frau Meador diesen Vortrag 1982 halten wollte, wurde ihr ohne Begründung mitgeteilt, dass sie dies nicht tun dürfe, es sei denn, sie tue dies außerhalb der Verantwortung der Kongressleitung. Erst nach 1989 hat sie erfahren, dass dies auf eine Intervention des Ärztlichen Direktors erfolgte, an dessen Krankenhaus diese Behandlung stattgefunden hatte. Mit der Unterstützung von Prof. Wendt entschloss sich Meador, den Vortrag trotz allem zu halten. Die ungeteilte Aufmerksamkeit eines großen Auditoriums war ihr sicher und ich hörte im Publikum gespannt diese Parabel auf unser Leben in der DDR:

> »Eingefangen auch wir wie das Vögelchen. Bedrohlich für die Mächtigen mit dem normalsten Wunsch der Welt, nämlich den Käfig verlassen zu dürfen […]. Als würde eine notwendige Lebensäußerung schon zu einer Kampfansage […]. Als wären die Mächtigen, wie Herr Meier, von einer unrealistischen und unverständlich erscheinenden Angst umgetrieben« (Meador 1999).

Und wenn man nicht im Käfig bliebe, gäbe es eine Spritze.

Der Vortrag war ein großer Erfolg, obwohl ein Funktionär des Psychotherapieverbandes der DDR sich im Abschlusswort des Kongresses nicht verkneifen konnte zu sagen, dass es immer Kamele gäbe, die das frisch gewachsene Gras zu früh abfräßen. Aber Frau Meador konnte diesen Vortrag 1982 halten und es hatte keine negativen Konsequenzen für sie. 1984 hat sie die DDR verlassen.

Ich gehörte seit ca. 1986 einem Zirkel von KollegInnen an, der sich – als Fachkreis unter dem Dach der Kirche getarnt – einmal wöchentlich zu einer Supervision in einer Privatwohnung traf. Die Supervisorin war eine Psychoanalytikerin aus Westberlin, die den wöchentlichen Durchgang durch die Mauer auf sich nahm und von uns mit Belletristik-Büchern aus DDR-Verlagen bezahlt wurde. Hier stellten wir erstmalig kontinuierlich Fälle aus unserer täglichen Arbeit vor und wurden mit psychoanalytischen Grundkenntnissen, z.B. des Settings und des Rahmens vertraut gemacht. Von heute aus gesehen beschämend, ging mir damals z.B. das erste Mal auf, dass Trennungen vom Therapeuten wie Urlaub oder Krankheit wichtige Einschnitte in einer Therapie darstellen und möglichst angekündigt und/oder auch bearbeitet werden sollten.

Weiterhin beschämend für die Mitglieder unserer Gruppe war dann nach dem Mauerfall die Entdeckung, dass unsere Supervisorin gar keine abgeschlossene Ausbildung als Psychoanalytikerin hatte und uns auch sonst mit einer gefälschten Identität getäuscht hatte. In unserem Hunger nach Psychoanalyse hatten wir hinter der Mauer diese Fakten vernachlässigt, aber auch nicht prüfen können. Trotz dieser massiven Enttäuschung und Kränkung habe ich trotzdem erste Einsichten in psychoanalytische Arbeit von dieser Kollegin bekommen.

Im Jahr 1989 wurden auf dem Psychotherapiekongress im Januar, also lange vor dem Beginn der eigentlichen Revolution, Forderungen nach psychoanalytischer Arbeit und Ausbildung in der DDR erhoben, die auf dem FREUD Symposium in Leipzig im Frühsommer noch untermauert wurden. Außerdem begannen die DDR-Therapeuten sich öffentlich kritisch mit der DDR auseinanderzusetzen.

Mit den Ereignissen im September und Oktober 1989 wurde dieser Prozess noch weiter vorangetrieben und zeigte sich nach dem Mauerfall sehr schnell in der Bildung von Vereinen, in kollegialen Zusammenkünften und in der Herausgabe der Zeitschrift »Ich«. Man konnte sich nun mit der heimlichen Geliebten öffentlich zeigen und sie präsentieren. Mit dem Betritt der DDR zur Bundesrepublik und mit der Übernahme aller Strukturen auch des Gesundheitswesens interessierten sich auch die verschiedenen westlichen Fachgesellschaften für die DDR-Psychotherapie. Nun stand die heimliche Geliebte als eine da, die doch recht ärmlich ausgestattet war und eigentlich erst einmal dazulernen müsste, um wirklich repräsentabel zu sein. Das innere Objekt Psychoanalyse der DDR-Psychotherapeuten war, wie schon gesagt, ein faszinierendes, verbotenes, nur schwer zugängliches und widerständiges – man hatte einige Opfer dafür gebracht.

Nun trafen wir auf Westkollegen, für die der Weg zur Psychoanalyse immer offen stand. Nur ihr Erwerb war in der Regel eine mühsame Angelegenheit, auch durch die sehr ausdifferenzierte Institutionalisierung. Fast überall wurde nun die Annäherung der ostdeutschen Psychotherapeuten an die etablierte westdeutsche Psychoanalyse als ein Lernprozess organisiert, in der die Ostdeutschen in Fallsupervisionen, in den Lehranalysen zu lernen hatten und wirklich lernen konnten, wofür ich und andere in jeder Weise dankbar sind. Gleichzeitig denke ich, dass unsere westdeutschen Kollegen einem ihnen teilweise sogar bewussten Wiederholungszwang unterlagen – so hatten sie oder ihre Lehranalytiker nach dem Krieg auch angefangen. Und da sie nach dem Krieg in der internationalen Psychoanalyse ausgegrenzt wurden und sich sehr mühsam einen Platz und ein Ansehen neu erobern mussten, sollte es uns nicht anders ergehen. Carl Nedelmann sagte mir, dass er es als Abtragung einer Dankesschuld empfunden habe; er habe von den ausländischen Kollegen oder wiedergekommenen Emigranten so viel bekommen – das habe er nun an uns weitergeben wollen. Hermann Beland hat einmal vom besonderen Aneignungswiderstand der deutschen Psychoanalytiker gegenüber der Psychoanalyse gesprochen, weil sie aus einem Volk kommen, das die Psychoanalyse vertrieben und verfolgt hat. Demnach müssten die ostdeutschen Analytiker einen doppelten Aneignungswiderstand haben, weil die Psychoanalyse in der DDR nochmals verfemt wurde. Demgegenüber gab es aber eben auch die oben beschriebene Faszination durch sie und den eklatanten Hunger nach ihr, also in der Summe vielleicht eine sehr hohe Ambivalenz.

Ich hätte mir anfangs mehr Zeit und Sensibilität im Aufeinanderzugehen und im Gewahrwerden dieser Ambivalenz gewünscht. Natürlich wollten wir einerseits lernen, andererseits aber auch erst einmal die Geschichten erzählen, die ich jetzt erzählt habe. Und wir wollten eine Begegnung auf gleicher Augenhöhe, in der unsere Erfahrungen ernst genommen würden. Teilweise hat dies natürlich stattgefunden, z.B. auf den Ost-West-Tagungen der DPV, auf mancher DGPT-Tagung, aber auch in persönlichen Begegnungen. Und natürlich wurde Wertschätzung gegenüber uns älteren Osttherapeuten auch durch die Schaffung der Übergangsregeln ausgedrückt, die uns die Niederlassung in psychotherapeutischen Praxen ermöglichten. Nach den einschneidenden und prägenden Erfahrungen in der DDR mit Unterwerfung und der daraus resultierenden Scham stellte sich für die Ostdeutschen trotzdem immer wieder die Frage: Wie kann ich lernen, ohne mich zu unterwerfen?

In diesem Zusammenhang sehr erhellend war ein Traum für mich, den ich erst vor ca. einem Jahr geträumt habe: Ich bin in diesem Traum zusammen mit einem von mir geschätzten Westkollegen eingeladen, einen Vortrag in dem Westberliner Institut der DPV zu halten. Es dauert, bis es anfängt, einige mir bekannte Kollegen sind da. Ich versuche, meine schriftlichen Unterlagen zu ordnen. Dann strömen plötzlich fremde Menschen von der Straße herein, darunter viele Junge in Blauhemden (also Menschen im Hemd der FDJ – der DDR-Jugendorganisation). In ihrer Mitte ein mir sehr unsympathischer älterer Mann (ihr Häuptling, denke ich im Traum). Dieser Mensch kommt im Traum auf mich zu, begrüßt mich mit überschwänglicher Freude und sagt: »Sie sind ja auch eine von uns!« Ich sehe an mir herunter und bemerke voll Schrecken, dass ich ein Blauhemd trage.

Der Traum hat sehr viele Facetten, deren ganze Ausbreitung ich den Lesern und mir ersparen möchte. Für mich waren im Nachdenken über ihn besonders die Assoziationen des Dazugehören-Wollens und die der Ambivalenz wichtig. Will ich zur Gemeinschaft der deutschen

Analytiker gehören, wie ich vielleicht einmal zur FDJ gehört habe, eben nicht ganz freiwillig, bis ich dann ernste Konflikte bekam? Das Tragen des Blauhemdes wurde mir verhasst und ich vermied es, wo ich nur konnte. Und vielleicht gibt es auch heute einen Widerstand in mir, überhaupt wieder zu einer Vereinigung mit ihren Regeln und Gruppenzwängen zu gehören. Es kam mir z. B. sehr entgegen, dass ich durch die Übergangsregeln für uns erfahrene DDR-Therapeuten meine Lehranalyse nicht an einem Institut machen musste, dem ich angehörte, und so meinen Lehranalytiker frei wählen konnte. Damit hatte ich ein Privileg, dass meine Lehranalysanden jetzt nicht haben. Das Phänomen, dass wir Osttherapeuten unsere Lehranalyse nur bei einem Westanalytiker machen konnten, war geschichtlich bedingt und unausweichlich. Es hat aber natürlich auch bestimmte Probleme aufgeworfen, die ich hier nur streifen möchte: Wir gingen zu Menschen einer anderen deutschen Kultur in Analyse, die sich innerhalb dieser Kultur in der Hierarchie ihres Berufsstandes durchgesetzt hatten. Die Ambivalenz gegenüber dieser anderen Kultur oder die Überhöhung von ihr und auch des Erfolgs in ihr brachten wir mit, auch die Idealisierung und eher unbewusste Ambivalenz gegenüber der Psychoanalyse. Das brachte meines Erachtens eine besondere Spannung in die psychoanalytische Situation: Der Lehranalytiker war vielleicht fremder und idealisierter, dadurch sowohl begehrenswerter als auch bedrohlicher als es ein Ostanalytiker gewesen wäre. Gleichzeitig schlossen sich bestimmte gesellschaftsspezifische Übertragungssituationen aus, er konnte z. B. nur mit größter Unwahrscheinlichkeit ein IM der Stasi gewesen sein. Heute sind wir als Ostlehranalytiker nicht so begehrenswert und eher mit spezifischen Abwertungen konfrontiert.

Auf der Westseite bestand der Wunsch, nicht nur die

Psychoanalyse in den Osten zu tragen, sondern auch die Formen der Institutionalisierung, die man in einem langen Prozess gefunden und aufgebaut hatte. Wogegen wir anfangs eigentlich unsere eigenen Formen für unseren Weg zur Psychoanalyse finden wollten. Und wir hätten dazu auch genügend Ideen und Engagement gehabt. Uns schwebte z. B. vor, die Lehranalyse eben nicht am eigenen Institut zu installieren, andere Fachgruppen und Interessierte einzubeziehen, also die Laienanalyse zuzulassen und anderes mehr.

Ich denke, dass diese Phase vorbei ist. In einem teilweise sehr schmerzlichen Anpassungsprozess, der durch den Druck des Psychotherapeutengesetzes enorm beschleunigt wurde, sind die Ostinstitute in ihrer Art und ihrem Reglement kaum noch von den Westinstituten zu unterscheiden. Und manchmal bekomme ich das Gefühl, mich unter Konvertiten zu befinden bzw. selbst eine zu sein, die einerseits besonders eifrig die neu erworbenen Lehren vertreten müssen, um dann andererseits selbst immer wieder aus der Rolle zu fallen. So ist z. B. die Gemeinschaft der Gründungsgruppe des Ostberliner Instituts, der APB, unter anderem an der Frage auseinandergebrochen, ob die Lehranalyse am eigenen Institut stattfinden muss oder bei Lehranalytikern anderer Institute stattfinden soll. Das lag natürlich auch an der Statuten der DGPT, denen wir uns unterzuordnen hatten.

Als wir auf die westdeutsche Psychoanalyse trafen, hatten wir manchmal den Eindruck, dass sie ihre eigene Etabliertheit nicht mehr wahrnahm, sich kaum noch mit ihrer Stellung in der Gesellschaft und mit Kulturkritik befasste.

Heute glaube ich, dass dies nur teilweise stimmt. Genau wie in der 68er-Generation gibt es das Phänomen der *Ungleichzeitigkeit* in Ost und West. Als wir mitten in den eigenen gesellschaftlichen Umwälzungen mit unserem frischen und neuen Blick die andere Gesellschaft und die psychotherapeutische Landschaft betrachteten, nahmen wir Verhältnisse wahr, die unsere Kollegen schon 20 oder zehn Jahre früher reflektiert und auch kritisiert hatten, wie z. B. in der anfangs erwähnten Streitschrift. Was uns neu auf der Haut brannte, hatten sie in verschiedenen Prozessen schon durch- und abgearbeitet. Wenn man sich z. B. den Tagungsband zum 50-jährigen Jubiläum der DPV ansieht, kann man nicht davon sprechen, dass er sich zu wenig mit der Stellung der Psychoanalyse in der Gesellschaft oder gesellschaftlichen Problemen der Psychoanalyse beschäftigen würde. Decker, Rothe und Brosig haben sich in einer Untersuchung der Zeitschrift Psyche aus den Jahrgängen 2005 und 2006 mit der 1978 von Paul Parin aufgeworfenen Frage befasst: »Wie nehmen die Analytiker zu brennenden Zeitfragen Stellung?« In ihrer Analyse der Beiträge dieser beiden Jahre fanden sie heraus, dass sich 17 Prozent der in der Psyche abgedruckten Texte mit »brennenden Zeitfragen« beschäftigen, allerdings keine einzige Auseinandersetzung mit der DDR-Geschichte oder der jüngsten Geschichte der Bundesrepublik zu finden ist (2007). Und ich selbst war bitter enttäuscht, dass es auf dem im vorigen Jahr in Berlin stattfindenden IPAC keinen einzigen Beitrag zur DDR, zur deutschen Teilung oder zur Wiedervereinigung gab, außer im Eröffnungsbeitrag des Kandidatenforums. Und das in Berlin, einem Ort, wo diese Themen praktisch auf der Straße liegen. Und natürlich waren die aus der ganzen Welt angereisten KollegInnen im privaten Gespräch brennend auch an diesen Fragen interessiert. Meine Hypothese ist, dass mein Gefühl des Nichtwahrnehmens gesellschaftlicher Probleme in der Psychoanalyse aus dem Gefühl des Nichtwahrgenommenwerdens als Ostdeutsche kommt. Zum Beispiel befassen sich die von unserem Ostberliner

Institut herausgegebenen Tagungsbände dezidiert mit ostdeutscher Geschichte – sie werden von westdeutschen Kollegen einfach nicht gelesen und nur sehr wenige von ihnen finden den Weg zu unseren Tagungen (aber auch die Kollegen aus Leipzig oder Halle kommen nicht). Geht hier eine Abspaltung der Wahrnehmung von Ostdeutschland einfach weiter, die ja schon vor dem Mauerfall so eklatant war? Oder sind andererseits die ostdeutschen Psychotherapeuten durch ihre Lernprozesse in der westdeutschen Psychoanalyse so aufgegangen, dass sie kaum noch mit eigener Stimme sprechen? Ist dies auch eine Art der Verleugnung der ostdeutschen Herkunft, welche die Gefühle der Ambivalenz und Scham noch nicht genügend durchgearbeitet hat? Soll so das Blauhemd vergessen werden, das manche von uns mal getragen haben?

Die Fragen, die ich hier aufgeworfen habe, münden für mich auch in die Frage, ob ich, wenn ich meine Herkunft eben nicht verleugnen möchte, dem inneren Objekt DDR gegenüber jemals eine depressive Position werde einnehmen können. Ob ich der DDR vergeben kann, was ja Arendt als eine Möglichkeit der Freiheit sieht. Es würde bedeuten, gegenüber einem paranoid geprägten Objekt, dessen verfolgende Seiten ich auch durchaus zu spüren bekam, eine Haltung der Trauer und der Wiedergutmachung einzunehmen. Dies geht aber meines Erachtens einem Gesellschaftssystem gegenüber nicht und so stehe ich zu meinem Werturteil und auch zu meinem Hass – zu viel von meiner Lebenszeit musste ich in unwürdigen Konflikten verschleißen. Es ist aber möglich, den Menschen zu vergeben, die in diesem System gelebt haben, weil sie aus ihrer individuellen Geschichte verstehbar sind. Ich denke, unsere westdeutschen KollegInnen werden durch uns zu sehr an ihre eigenen Kämpfe mit ihrem inneren Objekt Nationalsozialismus erinnert, die für sie und uns immer noch aktuell sind. Es hat auch eine Entlastungsfunktion, uns als noch mehr vergiftet, mehr diktaturinfiziert und weniger fortgeschritten in der Bewältigung zu sehen. Das führt dann zu Äußerungen über uns wie der, dass die Generation der Osttherapeuten, der ich angehöre, für immer für die Psychoanalyse verlorenen seien u. Ä. Christian Pross, Westberliner Psychotherapeut und lange Zeit Leiter des Zentrums für Folteropfer, hat sich 1994 in einem Text mit »Abwehr und Projektionen in der Konfrontation mit Patienten aus der DDR« beschäftigt. Er findet starke Worte:

> »Die Patienten aus der DDR erinnern uns an unser eigenes Wegsehen, an unsere Rechtfertigung oder Hinnahme der Mauer als ›antifaschistischer Schutzwall‹ [...]. Die Ossis erinnern uns an Anteile unserer Volksseele, die wir verdrängt haben, sie halten uns einen Spiegel vor, wie wir waren oder was wir immer noch in uns tragen. Die Ossis sind wie tiefgefrorene Nazis, die in der realsozialistischen Kühlkammer fast fünfzig Jahre lang konserviert und jetzt von Gorbatschow aufgetaut worden sind [...]. Sie mobilisieren unseren Selbsthaß.«

In der Auseinandersetzung mit uns Ostdeutschen wird dabei leicht vergessen, dass wir auch schon vor der Wende Reflexionsprozesse durchgemacht haben und es eben geschafft haben, uns vom äußeren Objekt DDR selbst zu befreien. Dieser Loslösung gingen natürlich auch Auseinandersetzungsprozesse mit dem Nationalsozialismus voraus. Dass diese Auseinandersetzung anders und auch anders unvollkommen war als im Westen, wissen wir durchaus und sie bleibt Gegenstand unseres weiteren Nachdenkens.

Ich mache jetzt einen Sprung zurück zum Beginn meines Textes und in die Gegenwart, in der die Analytikerin in ihrer freien Praxis auf den Patienten wartet. Denn Decker, Rothe und Brosig konstatieren:

> »Letztlich hat die Auftrennung in psychoanalytische Klinik und Kulturtheorie etwas von einer Spaltungsabwehr, einer Beschwichtigung des emanzipatorischen Potenzials der Psychoanalyse – eine Situation, die Layton, Bion paraphrasierend, als Angriff auf Verbindungen, nämlich zwischen Individuum und sozialem Kontext, bezeichnet. Denn eine genuin reflektierende klinische Psychoanalyse schöpft ja gerade aus der Kulturkritik, indem bestimmte Symptome und Charakterzüge des Patienten als kulturbedingte Abwehrformen enttarnt werden, so wie dies Freud mit der als Hysterie charakterisierten Verdrängung einer aktiv begehrenden weiblichen Sexualität gelungen ist. Klinische Psychoanalyse ist also immer auch Kulturkritik, wenn man die Sprengkraft der Geschichte des Einzelnen in der Analyse ernst nimmt. Ebenso ist die Psychoanalyse als Kulturwissenschaft exquisit klinisch, weil nur aus dieser Perspektive ins Unbewusste abgedrängte kulturspezifische Abwehrformationen im Subjekt aufgesucht und gedeutet werden können« (Decker/Rothe/Brosig 2007, S. 1276).

Ich habe die Szene vom Anfang meines Textes so konstruiert, dass möglichst viele Unfreiheiten, also Begrenzungen der psychoanalytischen Freiheit in ihr vorkommen sollten, und außerdem möchte ich Zitate aus der anfangs genannten Streitschrift *Das Unbehagen in der Psychoanalyse* einfügen. Die geschilderte Analytikerin ist an diesem Montagmorgen mit eigenen Konflikten befasst, teilweise von ihnen absorbiert und hat über ihre mangelnde Belastungsfähigkeit an diesem Tag zu reflektieren. Sie ist abhängig vom drückenden Stundenrhythmus, dem zeitlichen Rahmen. Der zu spät kommende Patient muss sich auch an diesen halten und fällt durch das Zeitraster. Die Analytikerin ist angewiesen auf das Geld, das sie mit der Ausübung ihres Berufes verdient und muss sich bei einem Hartz IV-Empfänger darüber Gedanken machen, wie sie das Problem des Ausfallhonorars lösen will. Gleichzeitig ist sie sich des Privilegs bewusst, sich mit ihrem Beruf eine ausreichende Existenzgrundlage verdienen zu können. Mit ca. acht Stunden Arbeit verdient sie die monatliche Zuwendung dieses Patienten. »Sie verdienen daran, dass ich krank bin!« – wie es eine andere Patientin formuliert hat. Dem Patienten steht es im Moment nicht frei, eine Arbeit zu bekommen.

> »Psychoanalytiker stehen im Widerspruch zu ihrer Klassenlage. Fast durchweg gehören sie bürgerlichen Schichten an, teilen ihre traditionellen Ideale [...]. Wegen ihres Wissens um Macht, um Machtphantasien und versteckte Ausübung von Macht [...] haben Psychoanalytiker nicht nur ein obligat unglückliches Bewusstsein (im Sartreschen Sinne). Sie stehen außerdem vor der Aufgabe, sich entweder dauernd mit dieser zwiespältigen Lage auseinanderzusetzen, oder aber sich ihr durch Verleugnung und Verdrängung persönlichkeitswirksam zu entziehen« (Parin/Parin-Matthey, in Lohmann 1983, S. 22).

Die Analytikerin muss einen Antrag an die Krankenkasse formulieren, der den jetzt geschaffenen Regeln entspricht und ist damit abhängig vom Urteil des Gutachters im System der finanzierten Psychotherapie. In ihrem Vortrag auf der 57. Jahrestagung der DGPT hat Anne-Marie Sandler ausgeführt, wie die Kassenregelung eine zu frühe und zu starke Orientierung an der Realität in die psychoanalytische Behandlung einführen kann und wie schwer es sein kann, als Analytikerin einerseits die Widerstände der Patienten geduldig auszuhalten und andererseits den Kassenrichtlinien nachzukommen (vgl. Sandler 2007, S. 56).

Die Analytikerin begegnet einem Patienten, der in besonderer Weise von dem gesellschaftlichen Umfeld DDR geprägt und gebeutelt wurde – das setzt ihrerseits Wissen über die DDR voraus, aber auch den Umgang mit ihrer eigenen gesellschaftlich geprägten Gegenübertragung, um den ich mich in diesem Text besonders bemüht habe. Außerdem sind beide davon abhängig, dass die Züge fahren, was man auch als ein Sinnbild dafür nehmen kann, dass es Frieden im Land gibt, Arbeitsfrieden, aber auch die Abwesenheit von kriegerischen Handlungen. Wie kann in dieser Situation »alles frei durchdacht und frei erörtert werden?« Oder wie kann nach Freud die Analytikerin »dem Ich des Kranken die Freiheit schaffen, sich so oder anders zu entscheiden?« (1923, S. 317) Ich denke nur dann, wenn sie sich der vielfältigen Begrenzungen der analytischen Freiheit genau bewusst wird, diese Begrenzungen gut reflektiert und ihre Auswirkungen dann, nach Hannah Arendt, sich und auch ihrem Patienten verzeiht. Damit meine ich jetzt kein alles überdeckendes und zudeckendes Verzeihen, sondern das der Grandiosität entgegenstehende Gewähren der depressiven Position. Wir wissen alle, dass diesem Verzeihen überhöhte Ich-Ideale der Analytikerin massiv entgegenstehen können, die das Bewusstwerden der eigenen Grenzen immer wieder unterlaufen. Aber auch den Patienten verzeihen wir nicht immer wirklich, sondern üben uns manchmal in mehr oder weniger subtilen Entwertungen.

Gleichzeitig würde ich mir wünschen, dass die Analytikerin sich und ihrem Patienten verspricht – die Bedingung der Freiheit für die Zukunft – trotz allem immer wieder zu versuchen, die Bedingungen, welche die Freiheiten der psychoanalytischen Situation einschränken, zu reflektieren und auch zu verändern. D.h. natürlich in ihrem Selbstreflexionsprozess nicht stehen zu bleiben und sich dauernder Supervision zu unterziehen, aber auch, sich für Politik und Berufspolitik zumindest zu interessieren. Sich z.B. darüber Gedanken zu machen, was Telefonüberwachung und Vorratsdatenspeicherung für sie bedeuten und welchen gesellschaftlichen Anpassungsmechanismen nach Parin sie selbst auch unterliegt.

Und es heißt natürlich auch, in der Ausbildung Bedingungen zu schaffen, in denen man lernen kann, sich selbst und den Patienten zu verzeihen. Das Merkwürdige ist, dass sich trotz aller Diskussion an den psychoanalytischen Institutionen selbst am wenigsten zu verändern scheint, wie schon Erdheim bemerkte. Es scheint sich dort immer wieder ein besonders strenges psychoanalytisches Über-Ich zu etablieren, das wenig mit der gewährenden und verstehenden psychoanalytischen Haltung in der Therapie korrespondiert. Nach Erdheim ist der Ort der Etablierung dieses Über-Ichs besonders die Kontrollanalyse: »Die Nähe dieser Ausbildungsinstanz zum Über-Ich drückt sich bereits in deren Name aus …« (vgl. Erdheim in Lohmann 1983, S. 12) Meine etwas gewagte These lautet, dass die Analytiker selbst, auch und gerade die Lehranalytiker, nur allzu gut wissen und täglich erfahren, wie fehlbar, verführbar und verletzbar sie sind. Sie können sich dies nur schwer verzeihen und versuchen, dies durch Strenge gegen sich selbst und die Kandidaten abzuwehren. Unter dem Motto: »Wehret den Anfängen«, deren Ausgang wir selber kennen, setzt sich immer wieder eine gewisse Unerbittlichkeit durch. Ich könnte es mir als sehr ermutigend für Kandidaten vorstellen, wenn die Lehranalytiker selbst Fälle darstellen würden. Darunter könnte auch einmal ein Fall sein, in dem der Patient die Behandlung abgebrochen hat oder einer, dessen Verlauf der Lehranalytiker als nicht ausreichend geglückt erlebt hat. Dann ginge es auch um die Auseinandersetzung mit dem Scheitern, das ja doch auch unser tägliches Brot ist, ohne dass wir viel darüber sprechen.

Eine Gedichtzeile des nicht-konformen Dichters Bert Papenfuß aus der DDR soll am Ende diese Textes stehen: »Was man angefangen hat, muß man auch verändern« (1988, S. 153).

Literatur

Arendt, H. (1958/1967): Vita activa. München, Zürich (Piper) 2007.

Brecht, K. et al. (Hg.) (1985): Hier geht das Leben auf eine sehr merkwürdige Weise weiter … Hamburg (Verlag Michael Kellner).

Decker, O.; Rothe, K. & Brosig, B. (2007): Kritische Glosse. Psyche – Z psychoanal 12, 1270–1280.

Freud, S.(1930): Das Unbehagen in der Kultur. Studienausgabe Bd. IX. Frankfurt a. M. (S. Fischer) 1982.

Freud, S. (1923): Das Ich und das Es. Studienausgabe Bd. III. Frankfurt a. M. (S. Fischer) 1982.

Lockot, R. & Bernhardt, H. (Hg.) (2001): Mit ohne Freud. Gießen (Psychosozial-Verlag).

Lohmann, H.-M. (Hg.) (1983): Das Unbehagen in der Psychoanalyse. Frankfurt a. M., Paris (Qumran).

Meador, M. (1982): Injektion als Bestrafung. Unveröffentlichter Vortrag.

Meador, M. (1999): Vom armen Vögelchen, das im Käfig bleiben mußte. Unveröffentlichter Text.

Papenfuß, B. (1988): dreizehntanz. Berlin, Weimar (Aufbau-Verlag), S. 153.

Pross, Ch. (1994): Abwehr und Projektionen in Konfrontation mit Patienten aus der ehemaligen DDR. Unveröffentlichter Text.

Sandler, A.-M. (2007): Psychoanalyse in Deutschland heute und morgen. In: Springer, A. & Münch, K. (Hg.) (2007): Psychoanalyse heute?! Gießen (Psychosozial-Verlag), S. 49–62.

Simon, A. (1995): Versuch, mir und anderen die ostdeutsche Moral zu erklären. Gießen (Psychosozial-Verlag)

Seidler, C. & Froese, M. J. (2002): DDR-Psychotherapie zwischen Subversion und Anpassung. Berlin (edition bodoni).

Zu den Beiträgen

(1) »Zwei Seiten einer Medaille. Über den deutschen Umgang mit Schuld«
Erweiterte Fassung eines Vortrages, gehalten auf der Jahrestagung der Deutschen Gesellschaft für soziale Psychiatrie (DGSP) im November 1991 in Bielefeld-Bethel.
Gekürzt veröffentlicht in: Soziale Psychiatrie 55 (1991).
Erweitert um Passagen aus »Zu dick, zu dünn, zu konvex, zu konkav«, dem Nachwort zu Moser, T. (1992): Besuche bei Brüdern und Schwestern. Frankfurt a. M. (Suhrkamp).

(2) »Zweifache und zweiseitige Verdrängung – Schamlosigkeit und Scham«
Veränderte Fassung eines Vortrages, gehalten auf der Tagung »Zur Psychoanalyse deutscher Wenden« im Februar 1992 in Berlin. Veröffentlicht in: Rauschenbach, B. (Hg.) (1992): Erinnern, Wiederholen, Durcharbeiten. Berlin (Aufbau-Verlag).

(3) »Versuch, mir und anderen meine ostdeutsche Moral zu erklären«
Erstveröffentlichung in: Kursbuch 111 (1993), 25–35.

(4) »East goes West«
Veränderte Fassung eines Vortrages, gehalten im November 1993 auf Einladung des Instituts für kulturwissenschaftliche Deutschlandstudien in Bremen.
Erstveröffentlichung in: Aicher-Scholl, I. (Hg.): Ein Text für C. W. Berlin (Wolf Janus Press) 1994.

(5) »›... dass die Mauern im Osten besser halten‹ – Nachdenken über ostdeutsche Identität«
Gekürzte Fassung eines Vortrages, gehalten im April 2002 bei den Lindauer Psychotherapiewochen.

(6) »Unsere bösen Kinder. Anmerkungen zur rechten Gewalt in Ostdeutschland«
Neu zusammengestellter Text; ein Teil wurde veröffentlicht in Bentz, U. & W. (Hg.) (2001): Deutschland, deine Kinder. München (dtv), ein anderer Teil unter dem Titel »Verdrängung und Spaltung in der DDR nach der Entgrenzung – Anmerkungen zur rechten Gewalt in Ostdeutschland«. In: Schlesinger-Kipp, G. & Warsitz, R.-P.(Hg.) (2002): Entgrenzung – Spaltung – Integration. Bad Homburg (Geber & Reusch).

(7) »Blindheit im Beruf«
Vortrag, gehalten auf der Tagung »Kampf um die Seele – Die operative Psychologie des MfS«, Dezember 1993, in Berlin.
Erstveröffentlichung in der Zeitschrift *Dr. med. Mabuse* Nr. 88, 1994.

(8) »Psychoanalytische Reflexionen zur Funktion der Stasiunterlagen-Behörde«
Vorabdruck in: Forum der Psychoanalyse 2006(2), 204–212. Wiederabdruck in: Seidler, C. & Froese, M. (2006): Traumatisierungen in (Ost-)Deutschland. Gießen (Psychosozial-Verlag).

(9) »Das Leben und die Anderen – Eine Polemik«
Zuerst abgedruckt in: Forum der Psychoanalyse 2007(2), 174–180.

(10) »Wie viele Freiheiten und wie viele Grenzen braucht Psychoanalyse – heute?«
Vortrag, gehalten auf der Tagung der freien Institute der DGPT im März 2007 in Leipzig, leicht veränderte Fassung des in Heft 2/2009 der *Zeitschrift für psychoanalytische Theorie und Praxis* (Stroemfeld Verlag) erschienenen Textes.

Tomas Böhm, Suzanne Kaplan

Rache

2009 · 265 Seiten · Broschur
ISBN 978-3-89806-830-7

In diesem Buch wird Rache als primitive, destruktive Kraft beschrieben, die allen Individuen, Gruppen und Gesellschaften innewohnt – ein zerstörerisches Potenzial, das sich unter bestimmten Umständen mit Macht den Weg an die Oberfläche bahnt. Das Motiv der Rache findet sich in der psychologischen Verknüpfung von Vorurteilen, Verfolgung, Rassismus und Gewalt. Die Autoren liefern deutliche – und oftmals beunruhigende – Fallbeispiele aus dem Alltag unserer Zeit und stellen Theorien vor, die zum besseren Verstehen von Opfern und Tätern beitragen können. Sie sollen uns helfen, der Versuchung zu widerstehen, selbst Vergeltung zu üben.